사라져 가는 미지의 섬, **투발루**

투발루 사라져가는 미지의 섬,

초판 1쇄 발행 2025. 6. 13.

지은이 이재형
펴낸이 김병호
펴낸곳 주식회사 바른북스

편집진행 김재영
교정 박하연
디자인 김민지

등록 2019년 4월 3일 제2019-000040호
주소 서울시 성동구 연무장5길 9-16, 301호 (성수동2가, 블루스톤타워)
대표전화 070-7857-9719 | **경영지원** 02-3409-9719 | **팩스** 070-7610-9820

•바른북스는 여러분의 다양한 아이디어와 원고 투고를 설레는 마음으로 기다리고 있습니다.
이메일 barunbooks21@naver.com | **원고투고** barunbooks21@naver.com
홈페이지 www.barunbooks.com | **공식 블로그** blog.naver.com/barunbooks7
공식 포스트 post.naver.com/barunbooks7 | **페이스북** facebook.com/barunbooks7

ⓒ 이재형, 2025
ISBN 979-11-7263-432-2 03810

•파본이나 잘못된 책은 구입하신 곳에서 교환해드립니다.
•이 책은 저작권법에 따라 보호를 받는 저작물이므로 무단전재 및 복제를 금지하며,
이 책 내용의 전부 및 일부를 이용하려면 반드시 저작권자와 도서출판 바른북스의 서면동의를 받아야 합니다.

사라져 가는 미지의 섬,
투발루

작은 섬에서 맞춘한 연아이 뜻밖이

기후아저씨 이재형 지음

일러두기

· 논문과 기사, 영화와 방송 프로그램은 〈 〉로, 책과 잡지는 《 》로 표시했습니다.
· 한국에 출간된 책은 출간 도서명으로 표기했습니다.

목차

1장.	머나먼 섬으로 첫걸음을 내딛다	12

2장.	시간과 바람이 쌓아 올린 섬	1. 4,000년에 걸친 항해의 이야기	20
		2. 열대우림기후 품속에 안긴 외딴섬	33
		3. 모로 가도 투발루만 가면 된다	43
		4. 섬에서 세상과 연결하는 방법	55

3장.	바다와 섬, 그리고 기후변화의 그림자	1. 남태평양의 푸르디푸른 바다	78
		2. 하늘과 바람, 별과 섬의 노래	96
		3. 북쪽 끝에서 남쪽 끝까지	115
		4. 기후위기의 최전선에서	138

4장. 투발루에서 살아간다는 것

1. 생生과 사死, 그 사이에서 · 154
2. 사람은 무엇으로 사는가 · 170
3. 먹고사는 문제에 대하여 · 183
4. 바다가 수영장, 활주로가 운동장 · 199
5. 음악과 춤이 삶이 되는 곳 · 227
6. 과학과 신앙의 경계에서 · 238
7. 누가 그들에게 돌을 던질 수 있는가? · 249
8. 낯선 곳에서 만난 뜻밖의 인연 · 257

5장. 머나먼 섬을 뒤로하고 · 274

부록. 투발루 기초 정보

1. 투발루 푸나푸티 환초 기후 · 282
2. 투발루 섬별 면적 및 인구 · 283
3. 기초 투발루어 · 284
4. 우리나라와 비교 · 288

참고문헌 · 290

투발루를 이루는 9개의 섬

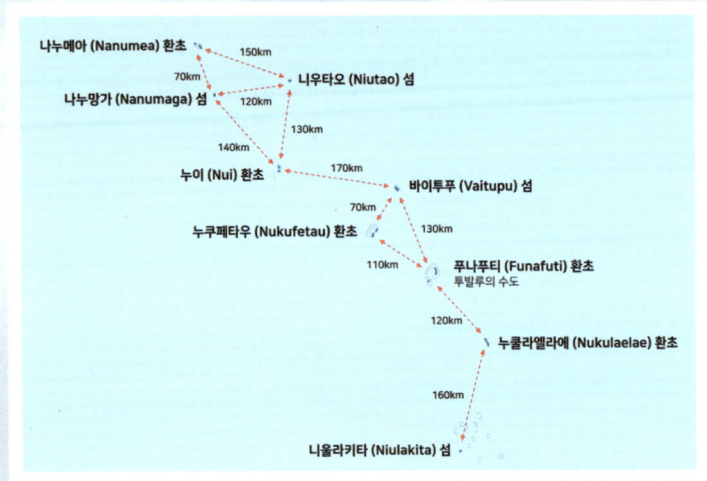

푸나푸티 환초

1장.

머나먼 섬으로
첫걸음을 내딛다

익숙함은 편안함을 준다. 그러나 익숙한 것이 오랫동안 반복되다 보면 득도할 수도 있지만, 때로는 권태로움이 밀려오기도 한다. 직장인의 삶도 마찬가지다. 매일 같은 회사로 향하며 지하철에 몸을 싣고 같은 경로로 출근하는 일은 '내가 갈 곳이 정해져 있다'는 안도감을 주기도 하지만, 반복되다 보면 지루함을 피할 수 없다.

나의 첫 책 《기후피해세대를 넘어 기후기회세대로》의 서문에서 적었던 내용 역시, 40대 직장인의 아주 평범하면서도 권태로운 삶을 담고 있다. 남의 이야기처럼 썼지만, 사실 그것은 매일을 살아가는 나 자신의 모습이기도 했다.

내 나이 마흔 살. 대한민국의 전형적인 40대.
매일 아침 지하철에 몸을 맡기고 생존 전선에 뛰어든다.
하루하루 바쁜 삶을 보내고 있으나, 점심시간에 아이들 사진을
보며 다시 에너지를 충전한다.

삶에 권태로움을 느낄 때마다 나는 회사 밖에서 무언가를 끊임없이 찾았다. 여러 가지 자격증 시험에 도전했고, 박사과정에 진학하며 새로운 분야에 뛰어들었다. 배운 것을 잊지 않기 위해 경제학 논문을 썼고, 한동안 책을 쓰는 일에 몰두하기도 했다.

무언가에 집중하며 에너지를 쏟다 보면, 그 과정에서 느끼는 희열이 잠시나마 권태로움을 잊게 해주었다. 결국, 정신없이 바쁜 것이 권태로움을 이기는 방법이었다.

2023년에 첫 책을 출판한 후 정말로 바쁜 시간을 보냈다. 직장인, 작가, 그리고 가장 중요한 남편, 아빠, 아들, 사위로서의 역할을 동시에 감당하며 하루하루를 보냈고, 그렇게 1년이 정신없이 흘러갔다.

연말이 되어 아내와 함께 〈태어난 김에 세계일주 3〉를 시청했다. 출연진들이 마다가스카르의 바오밥나무 아래에서 노을과 별을 감상하는 모습을 보며 문득, '나는 마지막으로 노을과 별을 본 게 언제였지?' 하고 생각했다. 그리고 천둥이 치고 장대비가 쏟아지는 해변에서 출연진들이 온몸으로 비를 맞으며 뛰노는 장면을 보며, '참 자유롭다.'라고 생각했다.

내 내면에도 직장인, 작가, 남편, 아빠, 아들, 사위로서의 역할을 벗어난, 오롯이 '자연인 이재형'으로서의 자유를 갈구하는 마음이 있었던 것 같다. 나에게도 저런 자유로움을 느낄 수 있는 곳이 있을까? 며칠 동안 고민해 보았다. 그러다 문득, 내 책에서도 줄곧 이야기했던 해수면 상승으로 사라져 가는 섬, 투발루Tuvalu가 떠올랐다.

막상 투발루로 떠나기로 마음을 먹었지만, 정작 나는 투발루에 대해 아는 것이 많지 않았다. 기후변화 관련 업무를 15년 넘게 해왔음에도, 내가 가진 정보는 제한적이었다.

인터넷 검색창에 '투발루'라고 입력하니, 온통 슬픈 뉴스들뿐이었다. 기후변화로 피해를 입고 있는 투발루, 이주민 대책을 마련하는 투발루, 국제사회에 도움을 호소하는 투발루의 이야기들이 대부분을 차지했다.

'기후변화 직격탄 맞은 투발루, 30년 만에 모래도 나무도 사라졌다'
'호주, '가라앉는 섬나라' 투발루서 매년 기후난민 280명 받기로'
'사라지는 섬나라 '투발루'…채소 키울 땅도 없어요'

그러던 중 눈길을 사로잡는 기사를 하나 발견했다.

'농어촌공사,『투발루 어촌그린 ODA 사업』출범식 갖고 본격 추진'

2023년 11월, 한국농어촌공사가 투발루 정부와 공적개발원조ODA, Official Development Assistance 협의를 맺었다는 기사다. ODA 출범식에는 주피지 대한민국 대사관, 해양수산부, 한국농어촌공사 관계자들이 참석했으며, 투발루 총리 대행을 비롯해 다수의 장관과 현지 주민 등 500여 명이 모였다고 한다. 투발루에 대한 본격적인 정보 탐색은 이 기사를 접하면서 시작되었다.

이후 ODA 출범식에 다녀온 분들의 블로그도 찾아냈다. 그곳에는 최신의, 살아 있는 정보들이 가득했다. 무턱대고 블로거분들께 "투발루에 가고 싶은데, 정보가 부족해요."라는 메시지를 남겼다. 다행히 내 글을 본 분들이 친절하게 회신을 주었고, 그렇게 하나둘씩 투발루에 대한 정보를 모을 수 있었다. 이분들의 도움이 없었다면, 나의 투발루 여행은 시작조차 할 수 없었을 것이다.

투발루에 갈 생각을 하니 하루하루 출근길과 퇴근길이 이전과는 달라졌다. 익숙한 길이었지만, 지하철에서 보내는 시간이 새로운 의미를 갖기 시작했다. 출퇴근길은 곧 투발루 정보 탐색 시간이 되었다. 지하철에서 유튜브로 투발루 관련 영상을 보고, 뉴스를 검색하며, 관련 보고서를 읽었다.

투발루로 떠나기 전, 준비도 철저히 했다. 특히, 투발루의 아름다운 바닷속을 기록하기 위해 수영 연습을 다시 시작했다. 군 복무를 마친 후 반년 정도 수영을 배웠고, 최근에는 여름마다 아이들과 물놀이를 즐겼기에 수영이 낯설지는 않았다. 하지만 바다에서 더욱 자유롭게 움직이기 위해, 그리고 물과 더 친숙해지기 위해 다시 한번 수영 연습에 몰두했다.

오토바이도 배웠다. 투발루에서는 주민 대부분이 오토바이를 타고 이동한다고 했다. 나는 1종보통면허가 있어 125cc 이하의 오토바이는 운전할 수 있는 자격이 있지만, 정작 한 번도 오토바이를 타본 적이 없었다. 그래서 인터넷으로 수소문한 끝에 집 근처의 사설 연습장에서 오토바이 연수를 받았다.

드론 조종법도 배웠다. 투발루의 푸른 바다와 하늘을 영상으로 담고 싶었다. 마침 동네에 드론을 가진 지인이 있어 부탁을 드렸고, 주말마다 시간을 내어 드론 조종을 연습했다. 투발루의 끝없이 펼쳐진 하늘과 바다를 직접 촬영하는 장면을 상상하며, 설레는 마음으로 조종법을 익혀 나갔다.

그렇다. 나는 MBTI가 ESTJ다. 특히 낯선 나라에 혼자 가는 일이었기에 아내, 아이들, 그리고 주변 지인들의 걱정이 컸다. 그래서 가능한 한 철저히 준비했다. 무엇보다 중요한 것은 안전하게 여행을 다녀오는 것이었기 때문이다.

이렇게 두 달간의 사전 준비를 마쳤고, 마침내 투발루를 무사히 다녀왔다. 이번 여행을 성공적으로 마칠 수 있었던 것은 많은 이들의 도움 덕분이었다. 특히 아내의 배려가 없었다면, 이 여행은 아마 꿈으로만 남았을 것이다. 그녀에게 감사할 따름이다.

知則爲眞愛 愛則爲眞看 看則畜之而非徒畜也
(지즉위진애 애즉위진간 간즉축지이비도축야)

알면 곧 참으로 사랑하게 되고, 사랑하면 참으로 보게 되고,
볼 줄 알게 되면 모으게 되니 그것은 한갓 모으는 것은 아니다.

조선시대 정조 때의 문장가 유한준俞漢雋, 1732~1811이 남긴 글귀다. 전 문화재청장인 유홍준 교수는 이 글귀를 고쳐 "사랑하면 알게 되고, 알면 보이나니, 그때 보이는 것은 전과 같지 않으리라."라고《나의 문화유산답사기》1권의 서문에 썼다. 바로 당장 투발루를 사랑할 수는 없지만, 우선 제대로 알아야 투발루를 제대로 판단할 수 있기 때문이다.

투발루에 대한 단편적인 정보가 넘쳐나는 가운데, 나는 올바른 정보를 취합하기 위해 노력했다. 그래야 나도 투발루를 제대로 이해하고, 새로운 시각으로 바라볼 수 있을 것이라 믿었기 때문이다. 그리고 투발루에서 보고 느낀 것을 이렇게 글로 남기는 이유는 다음에 누군가가 투발루에 가는 데 이정표가 될 바라는 마음에서다. 투발루에 대한 제한적인 정보로 투발루를 판단하지 않고, 투발루 주민들의 삶을 보고 투발루를 평가하길 바라기 때문이다. 투발루는 기후위기의 최전선에 위치한 남태평양 가운데 있는 외딴섬이다. 하지만 그곳에도 사람이 살고, 기쁨과 열정이 넘친다. 무엇보다 그곳엔 미래를 살아갈 다음 세대도 있다.

2장.

시간과 바람이
쌓아 올린 섬

1. 4,000년에 걸친 항해의 이야기

남태평양의 숨은 보석

"바람을 타고 갈 때 태양은 높아, 바다를 가로질러 헤쳐 나간다
밤이면 별 보면서 갈 길을 찾아, 그게 우리야 우리야"

– 〈모아나〉 OST, '길을 알아(We Know the way)', 2016 –

투발루는 대부분의 사람에게 낯선 국가다. 만약 내가 기후변화와 관련된 일을 시작하지 않았으면, 나 또한 알지 못했을 이름이다. 구글 지도를 켜고 '투발루'나 'Tuvalu'를 검색해 보면, 그제야 투발루가 "아, 여기에 있구나."라고 알게 되는 사람이 많을 것이다.

나 역시 그랬다. 이제는 검색하지 않고도 구글 지도에서 투발루를 찾을 수 있지만, 투발루 여행을 기획하고 준비할 때는 구글 지도에서 투발루를 검색하며 위치를 확인했다. 그만큼 투발루라는 나라는 이름부터 낯설 뿐 아니라, 투발루의 국가 면적 또한 매우 좁다.

투발루는 오세아니아 남태평양 지역의 섬나라다. 한국 사람에게 쉽게 설명하자면, 호주의 오른쪽과 뉴질랜드의 위쪽에 있는 여러 작은 섬 중 하나다.

우리는 흔히 오세아니아 지역의 섬나라 혹은 태평양 도서국으로 부르지만, 문화인류학적으로 오세아니아 지역은 주민의 유전자와 언어의 특징에 따라 세 가지 문화권으로 구분된다. 바로 멜라네시아Melanesia, 미크로네시아Micronesia, 폴리네시아Polynesia다. 이 지역은 독특한 항해 문화와 신화, 언어를 공유하며 하나의 거대한 문화권을 형성하고 있다.

멜라네시아는 호주 북쪽에 위치하며, 검은 피부와 금발 머리카락을 지닌 주민들이 살고 있다. 대표적인 나라는 파푸아뉴기니Papua New Guinea, 솔로몬제도Solomon Islands, 바누아투Vanuatu 등이다.

미크로네시아는 북태평양에 흩어져 있는 수많은 작은 섬들로 구성되어 있으며, 많은 지역이 제2차 세계대전 당시 격전지로 사용되었다. 대표적으로는 괌Guam, 마이크로네시아 연방국Federated States of Micronesia, 마셜제도Marshall Islands, 나우루Nauru 등이 있다.

그리고 내가 다녀온 투발루가 속한 문화권은 폴리네시아다. 폴리네시아는 드넓은 남태평양에 점처럼 흩어져 있는 작은 섬들로 이루어진 지역으로, 투발루뿐 아니라 니우에Niue, 사모아Samoa, 쿡제도Cook Islands, 키리바시Kiribati, 피지Fiji, 통가Tonga 등이 대표적인 나라다.

피지는 휴양지로도 유명하며, 2019년까지도 대한항공이 직항 노선을 운행해 한국인 관광객도 많이 방문했다. 그 덕분에 피지에는 2023년 기준 약 1,100명의 한국 교민이 살고 있다. 그리고 통가는 2018년 강원도 평창에서 열린 동계올림픽의 개막식에서 웃옷을 벗고 입장했던 남자 기수 때문에 그나마 알려진 나라다.

지도를 봐도 투발루는 너무 낯선 이름이다. 그리고 과연 어떻게 이런 남태평양의 작은 섬들에까지 사람이 살게 되었을까? 남태평양 수많은 섬나라에 거주하는 사람들은 폴리네시아인이라고 불린다. 디즈니Disney의 56번째 장편 애니메이션 〈모아나〉가 바로 폴리네시아인을 다룬 작품이다. 주인공인 모아나Moana와 마우이Maui를 떠올리면 폴리네시안의 모습을 쉽게 상상할 수 있다. 남자주인공 마우이의 목소리를 연기한 배우는 영화배우 드웨인 존슨Dwayne Johnson이다. 그의 아버지는 흑인이고, 어머니가 사모아 출신으로 그는 폴리네시아인 혼혈이다. 폴리네시아인의 핏줄을 이어받은 드웨인 존슨이 마우이의 목소리를 맡은 것은 적절한 캐스팅으로 보인다.

폴리네시아인의 이주 역사는 기원전 3000년 대만 원주민의 이동에서 시작된다. 그들은 나무로 만든 2개의 카누Waka를 연결한 쌍동선을 타고 미지의 바다로 항해를 시작했다. 하나의 카누보다는 2개의 카누를 붙이면, 바다 위에서 균형을 잡기도 좋고, 다른 카누에 식량이나 가축을 실을 수 있어 유리했다. 대만에서 출발해 점차 동쪽의 이름 모를 섬으로 진출하던 폴리네시아인 선조들은 기원전 1500년경 필리핀에 도착하고, 기원전 900년경에 피지에 이르렀다. 폴리네시아인들은 이미 오래전부터 먼바다를 건널 수 있는 항해술을 보유하고 있었다.

기원전 900년부터 약 1,500년, 알 수 없는 이유로 폴리네시아인의 항해는 중단되었다. 이 시기가 애니메이션 〈모아나〉의 모티브가 되었을 가능성이 있다. 애니메이션 속 모아나의 선조들은 위대한 탐험가였으나, 알 수 없는 이유로 거대한 배를 동굴 속에 숨기고 항해를 멈췄다. 그리고 현실에서 기원후 700년경 다시 폴리네시아인의 항해가 시작되었다.

현재 피지는 남태평양 섬나라로 가는 중간 기착지 역할을 한다. 많은 남태평양의 섬나라가 피지발 국제선을 운행하기 때문이다. 피지의 난디 국제공항을 거쳐야만 바누아투, 솔로몬제도, 키리바시, 사모아, 투발루, 통가로 갈 수 있다.

폴리네시아인의 이주 역사에서도 피지는 중요한 중심지였다. 피지 인근에 도착한 폴리네시아인의 조상들은 1,500년 간의 침묵을 깨고 피지를 거점으로 세 방향으로 진출했다. 북동쪽으로는 900년경 하와이Hawaii를 발견했고, 동남쪽으로는 900년경 모아이 석상으로 유명한 이스터섬Easter Island에, 그리고 남서쪽으로는 1200년경 뉴질랜드에 도착했다. 이 모든 것은 작은 카누를 이용해 개척한 항해의 역사였다.

° 폴리네시아인의 항해 경로와 '폴리네시안 트라이앵글'
ⓒ 위키미디어 커먼스

　폴리네시아인은 아무런 도구 없이 하늘의 해, 별과 달, 그리고 새들이 오는 방향을 따라 카누를 타고 이동했다. 낮에는 일출과 일몰의 위치로 항해 방향을 잡았고, 밤에는 별이 뜨고 지는 위치를 이용하여 항해 방향을 잡았다. 새들이 날아오는 방향을 통해 육지의 존재를 유추하기도 했다. 이렇게 폴리네시아인 조상들은 영화 〈모아나〉에서와 같이 항해의 달인이었다.

　마침내 기원후 1200년경 폴리네시아인들은 하와이, 이스터섬, 뉴질랜드를 정점으로 한 커다란 삼각형 안에 사람이 살기에 적합한 모든 섬을 점령했다. 폴리네시아인이 점령한 거대한 삼각형 점령지를 '폴리네시안 트라이앵글Polynesian Triangle'이라 한다.

폴리네시아인은 문자가 없었기에 구전으로 지식과 기술을 전수했다. 구전은 세대를 거치며 변하기도 하지만, 폴리네시아인이 하나의 뿌리에서 기원했음을 증명하는 '단어'가 있다. 예를 들어, 하와이키Hawaiki는 폴리네시아어로 고향을 뜻하는 단어다. 이 단어는 지역에 따라 다르게 발음된다. 쿡제도의 마오리족은 하와이키Hawaiki, 하와이 원주민들은 하와이Hawai'i, 사모아인들은 사바이Savai'i, 프랑스령 폴리네시아 소시에테 제도 사람들은 아바이키Avaiki, 타히티인들은 하바이키Havaiki라고 부른다. 아주 거대한 폴리네시아 트라이앵글이 하나의 문화권이며, 이들의 조상이 같음을 의미한다.

그런데 이런 궁금증도 든다. 선조들의 '미지의 세계로 탐험하고 싶은 유전자'가 대대로 후손들에게 영향을 주어, 폴리네시아인들이 거대한 삼각형을 개척하게 된 것일까?

기원전 4000년을 전후한 2,000년 동안은 기후가 가장 온화했던 시기였으며, 이를 '기후 최적기Climate Optimum'라고 부른다. 이 시기에는 자연 자원이 풍부했고, 인구도 증가했을 것이다. 그런데 기원전 2000년경부터 평균기온이 2~3℃가량 떨어진다. 그 결과 냉해나 혹한으로 농업 생산량이 감소했을 가능성이 크다. 기후 최적기에 늘어난 인구를 부양할 식량이 부족해지자, 일부는 '여기서 굶어 죽기보다는 새로운 땅을 찾아보자.'라고 결심하며 항해의 역사를 시작했을지도 모른다.

한편, 우리가 쓰는 영어 단어 중에는 폴리네시아어에서 기원한 단어도 있다. 예를 들어, 조상 대대로 하지 말아야 할 것, 금지하는 것을 통가어로 Tabu라 한다. 영어로 어떤 말이나 행동을 금하거나 꺼리는 것을 의미하는 Taboo의 어원이다. 애니메이션 〈모아나〉에서는 대양을 뜻하는 이름을 가진 여자주인공 모아나가 Tabu를 깨고 산호초로 된 암초를 넘어간다. 금기를 깨고 다시 폴리네시아인의 항해를 시작하는 것이다.

그리고 폴리네시아어에서 비롯한 단어 하나가 더 있다. 바로 문신Tattoo이다. 1768~1771년, 스페인의 탐험가 제임스 쿡James Cook 선장의 남태평양 탐험에 영국의 박물학자 조지프 뱅크스Joseph Banks가 동행했다. 남태평양 지역의 남자들이 온몸에 문신을 하고 있었다. 마치 〈모아나〉의 남자주인공 마우이같이 말이다. 문신은 타히티어로 Tatau라고 하는데, 탐험에서 돌아온 조지프 뱅크스는 탐험 일기에 폴리네시아인들의 문신을 Tattoo라고 소개한다. 이렇게 문신이라는 단어가 전 세계에 퍼지게 되었다.

많은 것이 낯선 나라

"세계에서 해외 방문객이 가장 적은 나라"

- 유엔관광기구(UNWTO) -

투발루에는 지금으로부터 약 2,000년에서 1,000년 전 사이 폴리네시아인이 이주해 왔다. 이렇게 시대적 범위가 넓은 것은 폴리네시아인은 문자가 없기에 과거의 기록을 문자로 남기지 못했고, 신화 형태의 역사 이야기가 구전으로만 전해졌기 때문이다. 시간이 흘러 1568년 스페인의 항해사 알바로 데 멘다냐Alvaro de Mendana가 페루에서 솔로몬제도로 항해하던 중 투발루의 누이Nui 섬을 발견했다. 이때부터 투발루가 세상에 기록된다.

1781년 스페인 탐험가 프란시스코 안토니오 모우레예Francisco Antonio Mourelle가 니우타오Niutao섬을 방문하기도 했으나, 투발루는 1820년대 이후에야 유럽인들에게 널리 알려지기 시작했다. 1819년에 미국인 선장 아렌트 데 페이스테르Arent Schuyler de Peyster가 투발루의 여러 섬 중에 가장 큰 본섬인 '푸나푸티Funafuti 환초'를 엘리스섬으로 명명한다. 배 소유자인 엘리스의 이름을 따서 지었다고 한다.

이후 투발루를 이루는 9개의 섬에 이름이 붙여져 엘리스 제도Ellice Islands가 된다. 19세기 말 투발루는 영국의 식민지가 되고, 1916년 엘리스 제도는 키리바시의 길버트 제도Gilbert Islands에 편입되는 운명을 맞이한다.

제2차 세계대전 당시 남태평양은 일본과 연합군의 주요한 전쟁지역 중 하나였다. 1941년 일본의 진주만 공격 이후 남태평양 주민들은 의지와 상관없이 제2차 세계대전의 소용돌이 속으로 휘말린다. 미국은 일본의 확장을 막기 위해 남태평양의 주요 섬에 비행장을 건설했다. 투발루도 그중 하나다. 1942년 11월 2일 미국 해병대는 푸나푸티에 상륙했다. 그리고 해군 건설 대대Naval Construction Battalion는 푸나푸티, 나누메아Nanumea, 누쿠페타우Nukufetau에 비행장을 건설했다.

미군이 투발루를 미군 기지로 선택한 이유는 투발루가 호주와 하와이 중간에서 거점 역할을 할 수 있기 때문이다. 투발루의 미군 기지는 남태평양의 환초를 두고 일본과 격전을 벌였던 1943년

° 푸나푸티 환초에 남아 있는 제2차 세계대전의 흔적

11월의 타라와 전투Battle of Tarawa와 마킨 전투Battle of Makin를 준비하는 동안 주둔지 역할을 했다.

그리고 1974년 엘리스 제도는 민주적인 투표를 통해 투발루와 키리바시로 분리된다. 1978년 10월 1일에 투발루는 독립과 동시에 영연방에 가입했다. 그렇기에 투발루 국기 왼쪽 위에는 영국 국기인 유니언 잭Union Jack이 있다. 2000년 9월 5일에 투발루는 189번째로 UN 회원국이 되었다. UN 회원국이 되면 일종의 회비인 운영 분담금을 납부해야 한다. 투발루는 분담금을 낼 돈이 없어서 1978년에 독립했음에도 2000년이 돼서야 UN에 가입했다.

투발루의 국기에는 유니언 잭뿐만 아니라, 9개의 별이 그려져 있다. 9개의 별은 투발루를 이루는 9개 섬을 의미한다. 참고로 투발루라는 국명은 '함께 서 있는 여덟개의 섬들'을 의미한다. 투발루를 이루는 섬은 9개이지만, 1978년 투발루가 독립하고 국기를 만들 당시에 사람이 거주하는 섬은 8개였기 때문이라고 한다.

우리나라와는 관계가 오래되었다. 1978년에 투발루가 독립하면서 우리나라는 투발루와 바로 수교했다. 수교한 지 오래되었지만, 투발루는 작은 나라여서 우리나라에 상주하는 대사를 보유하고 있지 않다. 마찬가지로 우리나라도 투발루에 상주하는 대사를 보유하고 있지 않다. 대신 주피지 대한민국 대사가 투발루 대사를 겸임한다. 이 정도로 작은 나라기에 우리나라 교민은 0명이다. 한국인이 1명도 살고 있지 않은 나라다.

투발루는 특이한 점이 많은 나라다. 투발루는 국토 면적이 전 세계에서 네 번째로 작은 나라다. 국토 면적이 가장 작은 나라는 교황이 사는 바티칸Vatican, 그리고 모나코Monaco와 나우루가 그 뒤를 잇는다. 투발루 국토 면적은 $26km^2$로 여의도 면적의 3.1배에 불과하다. 특히나 해발고도가 낮은 나라다. 투발루에서 가장 높은 곳이 해발 5m이고, 평균 해발고도는 2m다. 전 국토의 고도가 높지 않아, 기후변화로 인한 해수면 상승 위험에 항상 노출되어 있다. 그런데 국토는 죽은 산호초 위에 지어진 나라라, 둥근 띠 모양으로 땅의 폭도 좁다. 그래서 폭풍해일, 너울성 파도, 해수면 상승 등에 따른 위험과 같은 재해에 취약할 수밖에 없다.

투발루는 전 세계에서 인구가 두 번째로 적은 나라다. 가장 적은 나라는 교황이 사는 바티칸이다. 바티칸을 굳이 국가로 표현하지 않는다면 전 세계에서 인구가 가장 적은 나라다. 2023년 기

○ 푸나푸티 경찰서 전경
나라의 크기만큼이나 경찰서도 작다.

준, 투발루의 인구는 10,099명이다. 울릉도의 인구가 9,085명으로 우리나라에서 인구수가 가장 적은 기초지자체인데, 투발루의 인구가 그 정도 된다.

투발루에는 없는 것도 많다. 투발루는 정당이 없다. 투발루는 입헌군주제 국가로, 국가 원수는 영국의 찰스 3세이며, 총리는 4년마다 선거로 선출된다. 사람이 사는 8개 섬을 8개의 지역구로 나누어, 투표를 통해 섬에서 2명씩 총 16명의 의원을 선출한다. 그런데 정당이 없기에 의원들은 모두 무소속으로 출마한다.

투발루에는 군대가 없다. 제2차 세계대전 이후 남태평양의 외딴섬을 침략하려는 세력이 없어서일까? 투발루는 1978년 독립하면서도 군대를 만들지 않았다. 치안을 위해 경찰은 있다. 경찰은 25명 정도이고, 경찰서는 투발루 정부 청사 바로 옆이라 오며 가며 쉽게 찾을 수 있다. 다만, 경찰 내부에 준군사조직인 해양감시대 Maritime Surveillance Unit 가 어선 보호를 위해 운영되고 있다.

투발루는 자국의 화폐가 없다. 주변의 피지, 통가, 바누아투, 사모아 같은 나라는 자국의 화폐가 있다. 그런데 투발루는 자국의 화폐가 없고, 화폐로 호주달러를 쓴다. 화폐를 만드는 기술이 없어서인지 환율 관리가 어려워서인지 모르겠으나 투발루는 호주달러를 쓴다.

투발루는 이름, 역사, 지형까지 모두 우리에게 낯선 나라다. 하지만 지금부터 2,000여 년 전 폴리네시아인 조상들이 폴리네시안 트라이앵글을 정복하는 과정에서 투발루에는 사람이 살기 시작했다. 우리가 기후변화 피해의 최전선으로 알고 있어 안타까운 마음을 가지고 있으나, 과거 폴리네시아인 조상들은 남태평양의 숨은 보석이라고 생각해서 투발루에 정착했을 것이다. 이제 그 미지의 섬나라 속으로 들어가 보려 한다.

2. 열대우림기후 품속에 안긴 외딴섬

목걸이 모양의 석회암 지형

"파도가 오갈 때마다 우리의 땅은 조금씩 좁아져
꼭 끌어안지 않으면 저 아래로 떨어질 것만 같아"

- 9와 숫자들, '엘리스의 섬(Song for Tuvalu)', 2016 -

2016년 인디밴드 '9와 숫자들'이 투발루의 옛 이름인 엘리스 제도를 제목으로 발표한 노래다. 해수면 상승으로 가라앉는 투발루를 주제로 한 노래다. '제도'라는 말이 뜻하듯, 투발루는 9개 섬으로 이루어진 나라다. 엄밀히 말해 투발루는 3개의 화산섬 나누망가섬, 니우타오섬, 니울라키타섬과 6개의 산호섬 나누메아 환초, 누이 환초, 누쿠페타우 환초, 누쿨라엘라에 환초, 바이투푸 환초, 푸나푸티 환초으로 이루어져 있다.

산호들이 오랜 시간 자라고 죽기를 반복하면 산호가 돌처럼 굳어 암초가 된다. 그러나 남태평양의 산호초 섬을 암초라고 부르지 않고, 환초Atoll라고 부른다. 그 이유는 암초가 목걸이처럼 둥근 띠 모양으로 배열되어 있기 때문이다. 그래서 투발루 사람들은 남태평양에 노출되어 파도가 높은 환초 바깥쪽을 대양Ocean이라고 부르고, 파도가 잔잔한 환초 안쪽을 석호Lagoon라고 부른다. 폴리네시아어로 대양을 모아나라고 부른다. 바로 디즈니 애니메이션 〈모아나〉가 환초 밖 대양 탐험의 영화다.

  9개의 섬 사이 거리가 가까운 것도 아니다. 투발루의 유일한 공항이 있고, 정부 청사와 관공서가 있는 푸나푸티 환초에서 가장 가까운 섬은 100km 이상 떨어져 있다. 그렇기에 투발루 안에서도 다른 섬으로의 이동은 쉬운 일이 아니다.

  푸나푸티 환초는 공항이 있어 비행기를 통해 방문할 수 있고, 항구도 있어 큰 배도 쉽게 접안할 수 있다. 그러나 다른 섬들은 그렇지 못하다. 한 달에 한 번 운행하는 정기선을 통해서 섬 간의 이동은 가능하나, 정기선의 횟수가 말해주듯이 섬 간의 접근성은 상당히 떨어진다. 푸나푸티 환초에서 투발루 최북단의 나누메아 환초까지는 배로 약 27시간이 걸린다고 한다. 이마저도 날씨가 좋아야만 갈 수 있는 곳이다.

  처음에 여행을 기획하면서 다른 섬들도 방문하고 싶었으나, 혼자 여행을 간 이방인으로서 다른 섬의 방문은 안전 측면에서 무리라고 판단했다. 그렇기에 투발루라는 국가를 다녀왔지만, 내가 다녀온 곳은 엄밀히 말하면 투발루가 아니라 푸나푸티 환초에 국한한 경험이다.

특히나 환초가 모두 연결되어 있지 않기 때문에, 하나의 환초도 엄밀히 말하면 하나의 섬이 아니다. 푸나푸티 환초를 항공 사진으로 보면 그 모양을 확실히 알 수 있다. 띠 모양의 섬들이 둥그렇게 위치하고, 섬들 사이도 중간중간 띄어져 있다. 띠 모양의 푸나푸티 환초에서도 공항과 관공서가 밀집해 있는 섬의 이름은 폰가팔레Fongafale다.

투발루의 지형은 그만큼 특이하다. 섬인데 섬이 아니라 환초라고 부른다. 환초마저도 1개의 섬이 아니고 여러 개 섬의 집합이고, 여러 개의 섬마다 각각 이름이 있다. 무척 복잡한 구조다. 나 역시도 처음엔 이해하느라 힘들었다.

푸나푸티 환초를 포함하여 남태평양의 많은 섬은 둥근 환초 형태를 띠고 있다. 과거에 과학자들은 환초의 형성 이론에 대해서 여러 가지 가설을 제시했다. 진화론으로 유명한 찰스 다윈Charles Darwin은 환초가 화산섬을 기반으로 형성됐다는 이론을 주장했다.

영국 왕립학회의 과학자들은 찰스 다윈의 환초 형성 이론을 실험하고자 3년1896~1898 동안 환초 아래로 구멍을 뚫어보는 실험을 했다. 만약 지표면에서 구멍을 아래로 계속 뚫다가 화산석을 발견하면 찰스 다윈의 이론이 맞음이 증명되는 것이다.

에지워스 데이비드Edgeworth David 교수 연구팀은 푸나푸티 환초에서 구멍을 뚫는 실험Drilling을 했다. 데이비드 교수가 283m928피트까지 구멍을 뚫기는 했지만, 화산석을 발견하는 데는 실패했다. 데이비드가 다윈의 이론을 입증하기 위해 실험을 한 장소인 데이비드 드릴David's Drill, 투발루어: Te Vili o Tavita은 아직 푸나푸티에 남아 있다.

결국 시간이 지나 과학자들은 다윈의 이론이 맞음을 입증했다. 환초의 형성 원리는 이렇다. 우선 과거 아주 오래된 시점에 해양에 화산이 폭발해 화산섬을 만든다. 그리고 섬을 둘러싼 가장자리를 따라 산호초가 자라기 시작한다. 화산섬 주변에 둥글게 생긴 산호초를 거초Fringing Reef라 한다. 시간이 지나면서 섬이 침강하고 해수면이 상승하면서 화산섬과 산호초 사이에 초호가 생긴다. 이때 생긴 산호초를 보초Barrier Reef라 한다. 산호초가 화산섬을 둘러싸서 섬을 보호한다는 의미다. 산호초가 일종의 방파제 역할을 한다. 애니메이션 〈모아나〉의 주인공이 사는 섬은 가운데 큰 화산섬이 있고 섬 주위를 산호초가 보호하고 있다. 남태평양의 휴양지 보라보라섬Bora-Bora이나, 프랑스령 소시에테 제도가 보초의 형태를 띤다. 마지막으로 섬이 완전히 침하하고 나면 섬을 둘러싼 둥근 산호초 군락만 남게 된다. 현재 화산섬은 사라졌지만, 과거에 존재했던 화산섬을 중심으로 동그랗게 산호초가 형성되었기에 이를 환초Atoll라 한다. 환초는 석회질 산호초가 쌓이고 굳어 형성된 석회암 기반의 토양이기에, 농작물 경작이 어렵고 특별한 지하자원도 없다.

° 데이비드 드릴

David's Drill
This side is one of several on this island drilled by the royal society scientific expeditions of 1896, 1897 and 1898 in an attempt to prove Charles Dawin's theory on the origin and formation of coral atolls.
The 1987 expedition led by professor T. W. Edgeworth David drilled at this site.

데이비드 드릴
이곳은 1896년, 1897년, 1898년 왕립학회 과학탐험대가
산호초의 기원과 형성에 대한 찰스 다윈의 이론을 증명하기 위해
시추한 이 섬의 여러 곳 중 하나이다.
1987년 T. W. 에지워스 데이비드 교수가 이끈 탐사대가
이곳에서 시추했다.

데이비드 드릴 비석에 쓰여 있는 문구

평균기온 31℃, 평균습도 75%

"이별 장면에선 항상 비가 오지 열대우림기후 속에 살고 있나"

– R.ef, '이별공식', 1995 –

벌써 30여 년 전 노래다. 시간이 이렇게 흘렀나? 서태지와 아이들, 듀스, 태사자의 노래를 부르면서 춤을 따라 추던, 이른바 '라떼는 말이야' 시절의 노래다. 투발루의 기후는 열대우림기후로 이별 장면뿐 아니라, 일상적으로 비가 자주 내리는 날씨다.

투발루 여행은 나에게 꿈 같은 경험이지만, 가장 견디기 어려웠던 것이 있다. 바로 날씨다. 투발루는 적도보다 좀 아래에 있다. 투발루의 본섬인 푸나푸티 환초가 남위 8도 정도 된다. 적도에 가까운 만큼 날이 뜨겁다. 우리나라는 북위 37도 정도 된다. 우리나라보다 훨씬 적도에 가까운 지역이다.

습도도 높다. 푸나푸티 환초의 중심지인 폰가팔레는 남북으로 긴 띠 형태의 육지다. 폰가팔레에서 공항 근처가 동서로 가장 폭이 넓은데, 그 길이는 500m밖에 안 된다. 그리고 남쪽과 북쪽 끝으로 갈수록 폭이 좁아져 결국에는 동해와 서해가 만나게 된다.

낮 동안 작열하는 적도의 태양이 바닷물을 증발시키고, 그 수증기는 투발루의 육지를 감싼다. 그런데 투발루 육지는 좁고 길다. 그러다 보니 육지라고 하더라도 증발한 바닷물은 육지 전체에 쉽게 퍼진다. 바다 위에 떠 있는 배처럼 증발한 바닷물의 습기에 오롯이 영향을 받는다.

독일계 러시아 기후학자인 쾨펜Köppen, 1846~1940은 전 세계의 기후를 기온과 강수량을 기준으로 구분했다. 쾨펜의 기후 구분에 따르면 투발루는 열대우림Tropical Rainforest기후에 속한다. 열대우림기후는 적도 수렴대의 영향을 받기 때문에 1년 내내 쉬지 않고 비가 오는 것이 특징이다. 적도에서 수렴한다는 것은 북위 30도에서 0도로 불어오는 습기를 머문 북동무역풍과 남위 30도에서 0도로 불어오는 습기를 머문 남동무역풍이 적도 주위에서 모인다는 것이다.

열대우림기후는 날은 덥고 습도가 높아 사람이 살아가기에 열악하며, 열대기후 중에서도 가장 가혹한 환경이다. 더군다나 1년 내내 비가 많이 내리기 때문에 토양의 많은 영양성분을 비가 씻어간다. 날도 덥고, 비도 많이 온다. 그리고 토양도 석회질 기반이라 농사도 잘 안된다. 참으로 사람이 살기에는 혹독한 환경이다.

투발루는 남반구에 있기에 우리나라와 계절이 반대다. 12월에서 2월 정도가 투발루의 여름이고, 6월에서 8월까지가 겨울이다. 그러나 적도 지방의 열대우림기후이기에 우리가 상상하는 여름 및 겨울과는 완전히 다르다.

투발루의 평균기온은 30℃ 정도다. 봄, 여름, 가을, 겨울이 큰 차이가 없다. 1년 내내 30℃ 정도다. 연 강수량은 5,350mm로 한 달 평균 400mm 정도씩 비가 내린다. 특히나 여름철인 12월에서 2월 정도에 많은 비가 내린다. 참고로 우리나라는 평균기온이 13.3℃, 연 강수량이 1,129mm 정도다. 우리나라는 사계절이 있어 계절별 온도 차이가 크지만, 투발루는 1년 내내 덥다. 특히나 연중 습도가 높기에 체감온도는 더욱 높다.

나는 3월에 투발루를 방문했다. 투발루의 여름이 끝날 때쯤이었다. 아주 심한 더위는 살짝 비켜나갔다. 그러나 이방인인 나에게 투발루 날씨는 아주 혹독했다.

3월이지만 아침 8시쯤의 기온은 30℃가 넘는다. 한낮에는 아침보다 기온이 크게 오르지 않는다. 35℃ 정도 된다. 그러나 온도보다는 높은 습도가 나를 힘들게 했다. 일상적인 습도가 80% 정도 되었다. 더군다나 스콜 같은 비가 오고 나면 습도는 99%까지 치솟는다. 치솟는 습도만큼 체감온도도 48℃까지 올라간다.

ⁿ 푸나푸티 라군 호텔의 유일한 식당

    호텔 조식 시간은 그나마 시원한 시간이다. 다만 호텔 식당도 우리가 생각하는 에어컨이 있는 그런 식당이 아니라 사방이 뚫린 야외 식당이다. 식당에서 제공하는 식빵과 우유로 아침을 먹는 잠깐의 시간에도 이마와 코에 땀이 송골송골 맺힌다.
    낮이 문제였다. 호텔에서 점심을 팔기는 하지만, 가격도 비싸다 보통 세 가지 요리가 있는데, 한 끼에 20,000원이 넘는다. 날은 덥지만, 현지 음식을 먹고 싶기도 하고 가격도 저렴해서 점심은 주변 식당으로 갔다 보통 요리당 10,000원 정도다. 가까운 식당은 걸어서 5분, 먼 식당은 15분 정도 되는 거리다.
    어찌 보면 잠깐 걷는 시간임에도 땀이 많은 나는 식당에 걸어가는 동안 이미 땀을 흘리고 있다. 도착한 식당이라고 시원한 건 아니다. 식당도 에어컨은커녕 선풍기도 없는 곳도 있다. 그러나 이

것이 이들의 삶의 방식인 걸 어쩌겠는가? 점심 한 끼를 위해 더위를 뚫고 식당에 도착한 나는, 음식을 기다리는 동안 355ml인 탄산음료 한 캔을 5호주달러5,000원에 사서 목을 축였다.

도착 후 며칠은 날이 흐렸다. 그 덕분에 남태평양의 저녁 석양을 보지는 못했다. 반대로 낮에도 이방인이 동네 구석구석을 산책해도 견딜 만했다. 흐리거나 비가 오는 날을 제외하고는 한낮에는 잠시 더위와 습기를 피해 에어컨이 켜지는 호텔 방에 머물렀다. 일사병을 피하기 위해서였다.

그러다 보니 예상치 못한 병이 생겼다. 혼자 투발루를 여행하기에 홍역 예방접종을 하고, 소화제, 감기약, 두통약, 모기약, 파스도 준비했다. 그런데 낮 동안 에어컨이 켜진 방에 머물다가 밖을 들락날락하다 보니 냉방병에 걸렸다. 밖과 방의 온도 차이가 너무 심했던 것이다. 에어컨의 온도를 높여 밖과 방의 온도 차이를 좁히는 것만으로도 해결되는 병이었지만 아이러니했다. 열대우림기후에서 냉방병에 걸린다니! 이 이야기를 아내에게 전하니 아내는 웃기만 했다.

3. 모로 가도 투발루만 가면 된다

12,000km 대장정

> "난 난 꿈이 있었죠 버려지고 찢겨 남루하여도
> 내 가슴 깊숙이 보물과 같이 간직했던 꿈"
>
> – 카니발, '거위의 꿈', 1997 –

꿈을 이루는 길은 길고 멀다. 투발루는 내가 기후변화와 관련한 업무를 시작한 뒤로 언젠가는 한번 가보고 싶었던 꿈이었다. 그래서 그런지 '투발루에 가는 꿈'을 이루는 길은 길고 멀고도 험했다. 집에서 투발루 푸나푸티 국제공항까지 51시간이 걸렸고, 비행 거리만 12,000km에 달했다.

투발루는 정말로 낯선 곳이다.

2023년 기준, 투발루에 방문한 외국인은 3,136명 정도이며, 그중 한국인은 79명이다. 그마저도 주피지 대한민국 대사관 직원 등 정부 업무로 방문한 사람이 34명이다. 나같이 관광이나 여행을 위해 투발루에 방문한 한국인 45명 정도이니, 투발루는 정말로 우리나라 사람들에게 낯선 나라다.

그만큼 한국에서 투발루로 가는 길도 어려울 수밖에 없다. 그러나 아이러니하게 한국에서 투발루로 갈 수 있는 경로는 여러 가지가 있다.

"아니! 한국인 많이 가지 않는 곳인데, 가는 경로가 여러 가지가 있다고?"

그렇다. 다만, 여러 가지 방법이 아니라, 여러 가지 경로로 갈 수 있다. '여러 가지'를 긍정적으로 해석하면, 여행자는 다양한 중간 기착지를 경험할 수 있다. 부정적으로 생각하면 쉽게 가지는 못한다는 의미다. 여러 가지 경로이지만, 종국에는 한 가지 경로밖에 없다.

우선 투발루로 가기 위해서는 피지의 난디Nadi로 가야 한다. 참고로 피지어로 a를 발음할 때 n 발음도 섞어서 발음한다고 한다. 현지 발음은 '난디'보다 '낸디'에 가깝지만, 한국에서는 영어로 Nadi라 쓰고 '난디'로 읽는다.

어딘가로 비행기로 여행 갈 때 경유하지 않고 직항으로 갈 수 있다면 참 편리한 것이다. 과거에는 난디로 가는 대한항공 직항 노선이 있었다고 한다. 그 덕분에 과거에는 피지에 사는 교민도 많았고, 관광객도 많았다고 한다. 그런데 2019년에 경제적인 이유로 직항 노선이 사라져 피지 난디로 가기 위해서는 국제선 경유가 필수다.

한국에서 투발루로 가려면 먼저 ① 홍콩을 거쳐 피지 난디로 가거나, ② 호주의 시드니, 멜버른, 브리즈번을 거쳐 피지 난디로 가거나, ③ 일본을 거쳐 피지 난디로 가야 한다. 이런 상황이기에 투발루에 갈 수 있는 경로가 여러 가지라고 한 거다. "모로 가도 서울만 가면 된다."라고, 투발루에 가기 위해서는 모로 가도 우선 피지 난디로 가야 한다.

여행을 좋아하고 시간이 여유로운 여행자에게는 나름 나쁘지 않은 경로다. 투발루에 가거나 오는 길에 경유지인 홍콩, 호주, 일본, 피지 등 중간 거점에 내려 잠시 쉴 수 있다. 여행자는 경유지에서 투발루로의 여행 시작 전에 여행 시작을 위한 워밍업을 하거나, 투발루 여행을 마치고 돌아오는 길에 몸과 마음을 재충전할 수 있다.

나는 투발루로 가는 길에는 비행기 시간 때문에 피지 수바에 하루 머물렀고, 오는 길에는 피지 난디에 이틀 머물며 재충전을 하다가 왔다. 아니, 한국에 돌아가 일상으로 복귀하는 것을 조금이나마 늦추고 싶었는지 모른다. 어디에 머물든 얼마나 머물든 여행자의 선택이다.

여기서 여행자는 또다시 두 가지 선택을 할 수 있다. 투발루 푸나푸티 국제공항에는 일주일에 비행기가 4회 이착륙한다. 더욱 정확히 말하면 피지 난디에서 월요일에 1회, 피지의 수도인 수바에서 화요일, 목요일, 토요일 총 3회 비행기가 출발한다. 오랜 시간을 거쳐 난디에 도착한 방문객은 일정이 맞으면 월요일에 난디에서 출발하는 비행기를 탈 수 있고, 일정을 맞추지 못한 방문객은 어쩔 수 없이 국내선을 타고 난디에서 수바로 이동해 수바에서 출발하는 투발루행 비행기를 타야만 한다. 다만 피지에서 투발루로 가는 항공료는 비싸다. 환율이나 일정에 따라 다르지만 내가 탔던 비행기는 피지에서 투발루 왕복 비행기 항공료만 130만 원 정도 들었다.

두 달간의 준비를 마치고 마침내 투발루 여행길에 올랐다. 내가 선택한 경로는 인천 국제공항을 출발해 홍콩을 거쳐 피지 난디에 도착한 후, 국내선을 타고 수바로 이동하는 경로다. 몇 줄로 간단히 적어 편해 보이지만, 투발루로 가는 경로는 참 힘든 경로다. 왜냐하면 인천 국제공항에서 투발루 푸나푸티 국제공항까지 출국 수속을 여러 번 해야만 한다.

우선 인천 국제공항에서 피지 난디 국제공항까지 짐을 부치고, 보안 검색을 통과하고, 출국 및 입국 수속을 한 번 한다. 그나마 홍콩은 중간 경유지라 나의 짐은 자동으로 피지 난디 국제공항까지 따라온다. 다만, 바로 환승 비행기를 탈 수 없기에 홍콩 공항에서 6시간 정도 기다려야만 했다.

◦ 수바 나우소리공항 수화물 찾는 곳

　피지에 도착한 뒤 국제선 입국 수속을 마치고 다시 국내선 출발장으로 이동해야 한다. 피지 난디에서 수바로 가는 비행기를 타기 위해 다시 짐을 부치고, 보안 검색을 통과해야 한다. 난디에서 수바로 가는 비행기의 비행시간은 30분밖에 걸리지 않지만, 섬의 한쪽 끝에서 다른 쪽 끝으로 이동해야 하기에 수송 절차가 귀찮기는 하지만 비행기만큼 빠른 교통수단이 없다.

　마지막으로 국제선 출국 수속을 한 번 더 해야 한다. 피지 수바에 현지 시각으로 11시 55분쯤 도착한 나는 다음 날 9시에 출발하는 투발루행 비행기를 타기 위해 어쩔 수 없이 피지에 하루 머물러야 했다. 그런데 예상치 못한 일이 생겼다. 피지 수바 공항에서 숙소까지 택시를 타고 가야 하는데 수바 공항에는 환전소가 없는 것이다. 피지는 자국의 피지달러를 화폐로 쓰는데, 우리나라

은행에서는 피지달러를 취급하지 않는다. 그래서 어쩔 수 없이 미국달러를 피지까지 들고 간 뒤 현지에서 피지달러로 환전해야 한다.

공항 직원에게 물어봤다.

"혹시 여기 환전하는 곳이 없나요?"
"네. 여기는 작은 공항이라 따로 환전소가 없어요."
"택시비가 없는데, 그럼 환전할 수 있는 방법이 없을까요?"
"잠시만요."

그녀는 매점 직원과 잠시 이야기를 하더니 나에게 물었다.

"얼마나 환전할 건데요."
"50미국달러 정도요."
"이 사람에게 50미국달러를 주세요."

공항 직원의 안내에 따라 매점 직원에게 50미국달러를 건넸다. 이윽고 그는 구겨진 피지달러 지폐 몇 장과 동전 무더기를 줬다. 원래라면 하나하나 세보면서 환율을 계산해 보는 게 정상일 것이다. 그런데 나는 이때 너무 피곤하기도 하고, 공항 직원이 소개해 준 사람인데 '속이겠어?'라고 생각했다.

공항 앞에 있는 택시를 30분 정도 타고 숙소에 도착했다. 방에 들어와서는 제일 먼저 샤워를 했다. 한국은 3월이라도 쌀쌀해 긴팔 맨투맨을 입고 출국했는데, 피지의 기온은 30℃ 정도라 온몸에 땀이 흘렀기 때문이다. 샤워 후 한숨 돌리고 그제야 환전한 돈을 살펴보았다.

"이런! 당했네!"

피지에서는 미국달러를 피지달러로 세 번 환전했다. 수바 국제공항에서 어쩔 수 없이 택시를 타기 위해 한 번, 그리고 수바의 숙소 근처 길거리 환전소에서 한 번, 나머지는 출국하는 날 난디 국제공항에서 한 번. 결과적으로 수바 길거리 환전소의 환율이 제일 좋았다. 1미국달러에 길거리 환전소는 2.1피지달러를 줬고, 난디 국제공항 환전소는 1.9피지달러를 줬고, 수바 국제공항에서는 1.1피지달러를 줬다. 결국 수바 공항에서 두 배 가까운 환전 손해를 본 셈이다.

하루 피지 수바에서 머물고 이젠 정말 투발루로 갈 차례다. 마지막으로 피지 수바에서 투발루로 가기 위한 비행기를 타기 위해 짐을 부치고, 보안 검색을 통과했다. 인천 국제공항에서 투발루까지는 비행기 탑승을 위한 수속 절차만 세 번 해야 하는 아주 고된 여정이다.

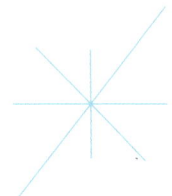

발자국을 남기지 마

"우리는 아직 기후변화에 대응할 시간의 창을 갖고 있지만,
이 창은 빨리 닫히고 있다.
그게 바로 내가 대서양 요트 횡단에 나서기로 한 이유다."

- 그레타 툰베리, 대서양 요트 횡단 인터뷰 中 -

한국에서 투발루로 가는 항공권을 발권하면서 순간 멈칫했다. 이번 여행은 기후변화 피해의 최전선인 투발루를 방문하는 것이다. 그렇기에 최소한의 소비를 통해 최소한의 온실가스를 배출하는 것이 목표 중 하나다. 결제하려던 찰나, 여행사 누리집 결제 페이지 하단에 내가 이번 투발루 여행을 다녀오는 과정에서 나의

탄소 오프셋

참여해 주셔서 감사합니다. 환경을 위한 착한 실천이 건강한 지구를 만듭니다!

이번 여행으로 발생하는 탄소 배출량 오프셋에 참여하고, 탄소 발자국 줄이기를 실천해 보세요. 기부하신 금액은 CHOOOSE에서 인증해 믿을 수 있는 탄소 감소 및 환경 보호 프로젝트를 위해 직접 사용됩니다.
더 알아보기

결제

오프셋 이산화탄소량 2,814kg (탑승객 1명)   32,400원
구매 완료

취소 및 변경

기부금은 환불이 불가합니다.

˚ 탄소 오프셋 구매 결과

탄소발자국 Carbon Footprint을 알려줬다. 무려 2,814kg의 이산화탄소를 배출한다고 한다.

탄소발자국이란 '사람의 활동이나 상품의 생산 및 소비 과정에서 직접 또는 간접적으로 배출된 이산화탄소 CO_2의 총량'을 의미한다. 이번에 투발루로 가기 위해 비행기를 타서 남기는 나의 탄소발자국이 2,814kg인 것이다.

10대 환경운동가 혹은 기후 활동가로 알려진 그레타 툰베리 Greta Thunberg는 2019년에 태양광 에너지와 수중 터빈을 이용한 '말리지아2 Malizia II'라는 배를 타고 대서양을 횡단했다. 2019년 9월 미국 뉴욕에서 열리는 UN 총회에 참석하기 위해서다. 2003년생인 그레타 툰베리는 그 당시만 해도 16세 정도였는데, 영국 남쪽의 플리머스 Plymouth에서 출발한 지 15일 만에 대서양을 건너 미

국 동부 뉴욕 항구에 도착했다. 그레타 툰베리의 항행 거리는 약 4,500km였다.

교통수단별로 탄소발자국은 얼마나 될까? 그런데 교통수단은 일반 물건과 다른 단위로 탄소발자국을 계산한다. 왜냐하면 동일한 거리를 이동하더라도 교통수단별로 사용하는 연료뿐 아니라, 탑승하는 인원이 다르기 때문이다. 그래서 교통수단의 탄소발자국인 '인-km', 즉 1명이 1km를 갈 때의 탄소발자국을 측정한다.

항공기는 한 사람을 1km 이동시킬 때 285g의 이산화탄소를 배출한다. 항공기는 주요 교통수단 중 온실가스를 가장 많이 배출한다. 반면에 다른 교통수단인 버스는 68g, 일반 승용차는 55g, 기차는 가장 적은 14g의 이산화탄소를 배출한다고 한다. 당연히 자전거는 화석연료를 쓰지 않기에 탄소발자국이 0g이다.

나는 그레타 툰베리처럼 이산화탄소 배출이 적은 배를 타고 투발루에는 갈 수 있는 시간적 여유가 안 된다. 요트를 빌릴 돈도 여유가 안 됐다. 그래서 투발루에 가기 위해서는 어쩔 수 없이 이산화탄소 배출을 가장 많이 하는 비행기를 타야 했다.

내가 이번에 비행기 탑승을 통해 배출하는 이산화탄소를 상쇄하기 위해서 만약 32,400원을 기부한다면 그 돈을 활용하여 전 세계에 어딘가에서 진행되는 온실가스 감축 사업에 투자한다고 한다. 예를 들어 내가 기부한 돈으로 인도 주민들에게 조리용 고효율 쿡스토브를 보급하는 사업에 투자된다. 이 사업은 고효율 조리도구인 쿡스토브를 보급함으로써 기존 저효율 쿡스토브에 비해

° 집에서 출발한 지 51시간 만에 드디어 투발루를 만났다.

땔감 사용량을 줄이는 것이다. 이렇게 되면 줄어든 땔감 사용량만큼 대기 중에 배출하는 이산화탄소가 줄어드는 구조다.

양심에 따라 아낌없이 32,400원을 추가로 지불했다. 투발루에 가기 위해 어쩔 수 없이 비행기를 타야 했지만, 탄소 오프셋Carbon Offset을 구매해 항공 여행으로 내가 배출하는 이산화탄소를 상쇄할 수 있었다. 어쩔 수 없이 비행기를 타야 하는 상황에서 그나마 마음이 편해졌다.

피지 수바에서 출발한 비행기는 2시간 반 정도 지나면 투발루 상공에 도달한다. 항공 지도에서만 보던 야자수로 덮인 작은 섬들이 하나둘씩 보이기 시작한다. 창가에 앉은 여행객들은 사진기를 켜고 분주히 사진을 찍는다. 다들 투발루에 다른 이유로 왔을 테지만, 다들 나와 같이 항공 지도에서만 보던 섬들을 직접 눈으로 확인해서 느낀 감정일 것이다. 혹은 어디에서 출발했는지 모르지만 아주 오랜 시간이 걸린 끝에 최종 정착지에 드디어 도착했다는 환호일 것이다.

국제항공운송협회IATA, International Air Transport Association에서 정하는 투발루 푸나푸티 국제공항의 세 자리 공항코드는 FUN이다. 인천 국제공항이 ICN, 김포공항이 GMP, 제주공항이 CJU인 것처럼 말이다. FUN, 말 그대로 Fun재미있는이다. 비행기 창 밖을 보며 이번 투발루 여행이 얼마나 재미있는 여행이 될지 기대해 본다.

3월 7일 목요일 새벽 5시, 별을 보며 집을 나서 오전 9시에 홍콩행 비행기에 오른 나는, 한국시간으로 3월 9일 토요일 오전 8시 35분쯤현지 시간 11시 35분쯤 투발루 푸나푸티 국제공항에 도착했다. 51시간 만에 마침내 투발루에 도착했다.

4. 섬에서 세상과 연결하는 방법

로밍도 안 되는 나라

집에서 출발해 51시간 만에 투발루에 도착했다. 비행기에서 내려 공항을 빠져나오는 시간은 빨랐다. 비행기에서 내려서 30걸음만 걸으면 입국장이라 입국장까지 가는 이동 시간은 거의 없었다. 그리고 입국 수속에 걸리는 시간도 짧았다. 투발루에는 일주일에 비행기가 4편만 도착하며, 내가 탄 비행기가 그날 도착하는 유일한 비행기다. 그리고 내가 타고 온 비행기가 68인승 비행기라 입국 수속을 밟는 사람이 적기 때문이다.

'비행기에 내려 30걸음만 걸으면 입국장이다.'

분주한 공항 청사를 빠져나와 호텔로 걸어갔다. 내가 예약한 호텔은 투발루에서 가장 좋은 푸나푸티 라군 호텔(Funafuti Lagoon Hotel)이다. 다만 한국 사람이 떠올리는 남태평양 휴양지의 5성급 화려한 호텔과는 거리가 멀다. 굳이 표현하면 1성급 또는 2성급 정도 되는 호텔인데, 그나마 투발루에서 가장 좋은 호텔이다. 참고로 푸나푸티 라군 호텔은 여행 혹은 호텔 예약 사이트를 통해 예약할 수 없고, 오로지 푸나푸티 라군 호텔 홈페이지에 나와 있는 이메일 주소로 이메일을 보내서만 예약할 수 있다.

미리 구글 지도를 보고 대략적인 위치를 파악해 놔서 무거운 몸을 끌고 뚜벅뚜벅 호텔로 걸어갔다. 여기서도 한국 사람이 생각하는 공항에서부터 숙소까지의 상상의 거리와는 차원이 다르다. 공항 청사에서 호텔까지는 불과 120m로, 걸어서 200걸음이면 충분히 도착할 거리다. 참고로 공항에서 가장 가까운 호텔은 필라모나 롯지(Filamona Lodge)로 출국장에서 94m 정도 거리에 있다.

'출국장을 나와 200걸음만 걸으면 호텔이다.'

긴 시간을 거쳐 투발루에 도착한 나는 호텔 체크인을 마쳤다. 푸나푸티 라군 호텔은 1993년 대만 정부에서 지어서 기증한 건물로 2층짜리 본 건물과 최근에 지어진 야외의 방갈로 방으로 이루어져 있다. 2층짜리 본 건물의 한 층에 방이 6개 정도 있고, 야외 방갈로는 중앙의 연회장과 식당을 중심으로 좌우 5개씩 총 10개가 있다. 사방이 뚫린 야외 식당이 호텔의 유일한 식당이다.

본 건물의 방은 벽걸이형 에어컨은 힘든 몸을 이끌고 실내 온도를 낮추고, 천장의 선풍기는 삐걱거리며 공기를 순환시킨다. 어느 오래된 여인숙에서 볼 수 있을 듯한 작은 냉장고와 언제 썼을지 모를 전기 포트가 있다. TV도 없고, 샴푸나 로션도 없고, 냉장고에 생수도 없고, 비데도 없다. 방갈로 방은 좀 신식이다. 최근에 지어져서 그런지 전반적으로 시설이 깨끗하다. 욕조도 있고, 방송은 나오지 않는 TV도 있고, 생수도 있다.

그러다 보니 본 건물과 방갈로의 가격 차이가 난다. 본 건물은 1층이냐 2층이냐, 싱글룸이냐 더블룸이냐에 따라 다르지만 대략 132~145호주달러 14만 원 정도, 방갈로 방은 183~193호주달러 18만 원 정도다. 싼 편은 아니다. 나는 본 건물 1층에서 5일을 지낸 뒤, 마지막 2일은 방갈로에서 머물렀다. 일주일 숙박비만 100만 원 정도다.

호텔 체크인을 마치고 바로 길을 나섰다. 투발루에 도착했다는 '생존 신고'를 한국에 있는 사람들에게 해야 했기 때문이다. 나중에도 이야기하겠지만 호텔의 와이파이는 무용지물이고, 투발루는 해외 로밍이 안 되는 국가이기 때문이다. 와이파이도 안 되고, 로밍도 안 되는 내 핸드폰은 아무런 통신 기능을 할 수 없기에 통신을 위한 유심 구입이 급선무였다.

◦ 일주일 중 5일 동안 지낸 본관 1층 방

◦ 일주일 중 2일 동안 지낸 야외 방갈로 방

○ 투발루 텔레콤 건물

숙소와 공항 중간쯤에 있는 노란색 지붕의 단층짜리 투발루 텔레콤Tuvalu Telecom을 찾아 나섰다. 투발루 텔레콤은 1993년에 만들어진 국영 기업으로 투발루에 유선 및 무선 전화 서비스를 제공하는 유일한 통신사였다. 여기서 중요한 것은 기존까지는 유일했다는 것이다.

통신사 건물에 도착한 나는 당황했다. 유리문에 커튼이 쳐져 있는 것 아닌가? 유리문을 두드려 봐도 아무런 인기척이 없다. 유심을 사야만 했는데 당황했다. 실망한 채 뚜벅뚜벅 다시 호텔로 왔다. 호텔 로비에 도착한 나는 현재 상황을 호텔 직원에게 이야기했다.

"토요일에 통신사는 영업을 안 하나요? 아니면 이미 문을 닫은 건가요? 유리문을 두드려 봐도 아무런 대답이 없어요."

호텔 직원은 바로 답변을 해줬다. 나뿐만 아니라 여러 사람이 같은 질문을 했었나 보다.

"유리문 말고 왼쪽 나무로 된 문을 열고 들어가면 돼요."
"문 닫은 게 아니었어요?"
"네. 유리창 때문에 낮에 너무 더워서 커튼을 쳐놔요."

닫힌 게 아니었다. 우리도 통유리로 된 건물은 너무 뜨거워 커튼을 치듯이 이들도 건물의 더위를 막으려 커튼을 친 것이다. 통신사가 열었다는 아주 기쁜 소식을 듣고 부랴부랴 다시 호텔을 나섰다. 호텔 직원이 이야기해 준 대로 옆문을 열고 살며시 들어갔다. 가장 놀란 점은 실내가 매우 시원했다는 것이었다. 밖의 온도는 38℃였지만, 실내는 에어컨이 빵빵하게 가동되고 있었다. 잠시나마 냉기를 즐겼다.

"유심이랑 데이터 사러 왔어요."라고 물었더니,
"유심은 10호주달러 10,000원고요. 우선 유심을 산 다음에 저쪽 사람들에게 가보세요."

아주 상투적인 답변이다. 이해도 된다. 여행객마다 매번 같은 질문을 할 텐데, 어찌 항상 웃으며 '같은 답변'을 하겠는가? 그녀가 가리킨 오른쪽을 보니, 손님은 아랑곳하지 않고 남자 2명이 시끄러운 음악을 틀어놓고 손님을 기다리고 있었다.

10호주달러를 내고 작은 봉지 속의 유심을 받았다. 작은 봉지에 적힌 7013391이라는 숫자는 내 전화번호라고 한다. 그녀가 알려준 대로 남자 중 가까운 사람에게 찾아가 핸드폰과 유심을 건넸다. 그 사람 역시 매번 같은 일을 했던지라 아무 말 없이 무심하게 유심을 갈아준다.

이젠 데이터를 살 차례다. 창구에 붙어 있는 가격표를 확인했다. 한국에서 지낼 때 통신 데이터를 많이 쓴다. 평균적으로 한 달에 60GB기가바이트를 쓴다. 한국 사람이 한 달에 평균 29GB를 쓴다고 하니, 나는 평균보다는 훨씬 많이 쓰는 편이다. 주로 출퇴근 지하철에서 뉴스를 보거나, 유튜브를 본다. 그리고 SNS를 하느라 데이터를 많이 쓴다.

유심과 유심에 쓰여 있는 내 전화번호

2장. 시간과 바람이 쌓아 올린 섬

데이터는 원하는 용량만큼 구매할 수 있었다. 단가를 계산해 보니 1GB에 약 7,300원이었다. 우선 어떻게 될지 몰라 20호주달러를 주고 2.6GB를 구매했다.

이후 오늘 아침부터 밀렸던 카톡 메시지들이 동시다발적으로 알람이 울렸다. 투발루 바깥세상과 내가 다시 연결되는 순간이다. 아내에게 생존을 알렸다. 짧은 대화지만 서로 간의 안도와 걱정의 대화였다.

"투발루에 잘 도착했어. 여기 온도는 31℃에 습도는 77% 정도야."
"잘 도착했군 ^^ 축하 축하. 선크림 잘 발라요."

2023년 이전까지는 투발루 텔레콤이 투발루 주민들이 선택할 수 있는 유일한 통신사였다. 우리나라처럼 SK텔레콤, KT, LG유플러스, 그리고 알뜰폰을 고를 수 없다. 투발루 텔레콤을 통해 통화, 데이터 사용, 인터넷 접속을 모두 해결했다. 투발루 텔레콤이 유일한 대안이었지만, 그 속도는 만족할 만한 상황은 아니었고, 데이터 비용도 상대적으로 비쌌다.

그런데 2024년부터는 혁신적인 변화를 누릴 수 있게 되었다. 바로 일론 머스크 Elon Musk의 '스페이스 X Space X'에서 운영하는 스타링크 Starlink가 남태평양 지역에서도 가능해진 것이다. 아직은 비용이 싸지 않다. 한 달에 16만 원 182호주달러을 내면, 데이터를 무제한으로 쓸 수 있다.

한 달에 16만 원이면 투발루 주민들의 소득 수준에 비하면 아직 비싼 가격이다. 그래서 공공기관이나 생활 수준이 나은 주민들이 먼저 사용하고 있다. 아직 우리나라도 여러 가지 이유로 도입되지 않은 스타링크가 남태평양 외딴섬에 새로운 희망의 빛줄기가 된다는 점이 흥미로웠다.

두 달 만에 도착한 엽서

나는 여행자다. 뚜벅뚜벅 걸어서 푸나푸티를 배회하는 여행자다. 투발루에서 시간을 보내는 가장 여유로운 방법 중 하나는 걷는 것이다. 투발루에 머물렀던 일주일 동안 하루에 20,000보씩은 걸었다. 그 덕분에 한국에서 겪던 허리 통증이 사라졌다.

한국에서도 하루에 10,000보씩은 걸었다. 출퇴근 때 집에서 지하철역, 회사에서 지하철역 사이를 왕복으로 걸어서 이동하기 때문이다. 그러나 회사에 머무는 낮 동안은 보통 하루에 최소 8시간 정도는 의자에 앉아 있다. 그런데 투발루에서는 많은 시간을 걷는 데 소비했다. 그러다 보니 한국에서 종종 아프던 허리가 투발루에서는 아프지 않았다.

° 투발루 우체국

하루는 숙소 남쪽으로 향했다. 멀지 않은 곳에 우체국이 있기 때문이다. 한국에 있는 가족에게 엽서를 보내볼 마음으로 길을 나섰다. 외국여행이나 출장을 많이 가지는 않았지만, 종종 외국에 가면 한국에 있는 아내에게 엽서를 썼다.

숙소에서 남쪽으로 10분쯤 걸으면 노란색 단층 건물인 우체국이 보인다. 우리나라처럼 커다란 간판이 없고, 건물 앞에 세워진 패널이 여기가 투발루 우체국임을 알게 해준다. 우체국 앞에는 형광 노란색을 칠한 오토바이와 자전거가 서 있다. 섬이 좁으니 조금 먼 곳은 오토바이로 편지를 배달하고, 조금 가까운 곳은 자전거로 편지를 배달하나 보다.

우체국은 월요일에서 목요일까지는 8시 30분에서 오후 4시 30분까지 영업하고, 금요일에는 여는 시간은 같지만 좀 일찍 오후 3

시에 닫는다고 한다. 문을 열고 들어가자마자 차가운 냉기가 나를 반긴다. 행복한 순간이었다. 들어가며 자연스럽게 동영상을 촬영했다.

우체국 오른쪽 벽에는 시대순으로 우표가 진열되어 있었다. 투발루가 영연방국가이다 보니 영국 여왕인 엘리자베스 2세를 기념한 우표도 보았다. 그리고 2012년 영국 왕실의 윌리엄 왕세손 부부의 투발루 순방을 기념하는 우표도 진열되어 있었다.

대개 40대인 나의 또래 사람들, 특히나 남성들은 어렸을 때 우표를 모으던 취미를 가지고 있었을 것이다. 나도 한참 동안 우표를 모았다. 내가 가지고 있는 우표 중 가장 좋아하는 컬렉션은 역대 대통령 취임 기념우표다. 초대 대통령 취임 기념우표만 빼고, 2대 대통령 취임 기념우표부터 가지고 있다.

나는 주로 전지나 시트를 모았다. 그리고 희귀한 아이템도 가지고 있다. 1995년 중앙아메리카의 니카라과Nicaragua에서 발매한 한국시리즈 8개 팀 선수의 사진을 담은 우표다. 중학교 때였는데, 그때는 니카라과가 어디에 있는 나라인지도 모르면서 우표 수집가게 사장님이 추천해 줘서 샀던 기억이 있다.

우표 수집가 사이에 투발루는 우표가 이쁜 나라로 유명하다. 남태평양의 푸른 바다와 생태계, 그 바다를 삶의 터전으로 하는 사람들을 담은 우표는 전 세계 우표 수집가들을 매료시키고 있다. 투발루도 내가 이런 시절 경험한 니카라과처럼 외국인을 겨냥한 우표를 발행하고 있다. 2017년에는 우리나라의 문재인 대통령과 미국

° 문재인 대통령과 트럼프 대통령 정상회담 기념우표
ⓒ 투발루 우체국

트럼프 대통령의 정상회담 기념우표, 그리고 북한의 김정은 국무위원장과 트럼프 대통령의 정상회담 기념우표도 팔고 있었다.
　열심히 동영상을 촬영하는 사이 우체국 직원이 다가왔다.

"여기서 촬영하면 안 됩니다."
"네? 잠깐도 안 되나요?"
"네. 여기 글귀 보세요."

　진열장 하단에 "손님들은 진열된 우표 사진을 찍으면 안 됩니다."라고 친절히 크게 쓰여 있었다. 낯선 이방인인 나는 그것도 모르고 신나게 동영상을 촬영하는 중이었다. 생각해 보면 사진을 찍으면 안 된다고 써놨었지, 동영상을 촬영하지 말라고 쓰여 있던 것은 아니었다. 아무튼 직원에게 물어본 결과 촬영한 동영상은 지우지는 않아도 된다고 했다.

엽서를 보내는 방식은 이랬다. 우선 원하는 엽서를 2호주달러 2,000원를 주고 산다. 투발루의 자연경관과 동식물 사진이 그려진 5개 정도의 엽서가 있었다. 나는 투발루의 야자수 사진 엽서를 한 장 샀다.

우푯값은 2호주달러 2,000원다. 우표는 2호주달러짜리 보통우표를 한 장 사서 붙이거나, 진열된 우표 중에서 2호주달러를 맞추거나 그 이상의 우표를 사서 붙이면 된다. 보통우표는 투발루 연안에 서식하는 파란 산호 Acropora Echinata의 사진이다. 보통우표 한 장을 사서 엽서를 부치고, 투발루 바다에 사는 여섯 종류의 물고기가 나와 있는 기념우표 시트 하나를 샀다.

우체국 귀퉁이에 앉아 아내와 아이들에게 엽서를 썼다. 예전에는 아내에게만 엽서를 써서 작은 엽서지만 그나마 글을 쓸 공간이 여유로웠던 것 같다. 오랜만에 외국에서 엽서를 쓰다 보니 아이들은 그사이 커서 이제 글을 읽게 되었다. 아이들에게 엽서 내용을 안 쓰면 아이들이 서운해할 것이 분명했다. 좁은 엽서 한 장에 블록을 쌓듯 여유 공간이 남지 않게 빼곡히 이야기를 적었다.

"항상 우리 가족을 잘 챙겨줘서 감사한 마음뿐이야."
"○○이, ○○도 항상 건강하고, 밝게 지내는 모습이 아빠에겐

° 두 달 만에 도착한 투발루 엽서

더할 나위 없는 행복일 뿐이야."

　엽서를 쓰고, '과연 이 엽서가 한국에 도착할까?' 하는 의심이 들었다. 그래서 엽서를 부치기 전에 엽서 사진을 찍어두었다. 한국에 돌아와서 엽서가 언젠가는 도착할 거라 믿고 다시 일상으로 돌아간 나는 엽서를 잊고 살았다. 그러던 사이에 어느 날 집 우편함에 익숙한 엽서가 도착했다. 투발루에서 엽서를 2024년 3월 14일에 보냈는데, 두 달 하고도 이틀만인 5월 16일에 마침내 엽서가 도착했다.
　지방 관광지를 다니다 보면 '느린 우체통'이 있다. 느린 우체통에 엽서를 써서 넣으면 시간이 지난 1년 뒤에 나에게, 혹은 내가 엽서를 보낸 이에게 엽서가 배송된다. 한국에 도착해 삶에 치여

살다 보니 어느 순간 투발루에서 보낸 엽서는 내 기억 저편에 있었다. 시간이 흘러 엽서는 63일 만에 집에 도착했다.

인편으로 들고 오는 것이 더 빨랐겠으나 느린 속도로 나의 이야기가 담긴 엽서를 받아보는 것도 기쁜 일이다. 시간과 공간에 대한 개념이 우리와 다른 투발루에서 보낸 엽서도 다른 시간의 궤적으로 우리 집에 당도했다.

오토바이는 운전도 못 하고

투발루의 수도인 푸나푸티 환초는 좁고 긴 땅이다. 그마저도 작은 섬들이 끊어져 있다. 푸나푸티 환초에서 가장 큰 섬인 폰가팔레섬은 남쪽 끝에서 북쪽 끝까지 11km에 불과하다. 그리고 동쪽에서 서쪽까지의 폭이 가장 긴 곳은 500m밖에 안 된다.

환초가 길게 이루어져 있기에 한쪽 끝에서 다른 쪽 끝으로 가기에는 쉬운 것 같지만 찌는 듯한 더위에서는 쉬운 일이 아니다. 그래서 투발루 주민들의 대부분은 오토바이를 교통수단으로 사용하면서, 섬 곳곳을 이동한다. 출근, 교회, 나들이 등 오토바이는 투발루 주민들에게 없어서는 안 될 교통수단이다. 경찰들도 오토바이로 순찰하고, 우체국 직원들도 오토바이로 우편배달을 한다. 어느 날 교복을 입고 오토바이를 타고 다니는 학생들을 봤다. 뭐 우리나라도 불법으로 오토바이를 타고 다니는 고등학생이 있으니 '그럴 수도 있겠다.'고 생각했다. 알고 보니 투발루에서는 16살부터 오토바이를 운전할 수 있다고 한다. 그래서 투발루에서는 푸나푸티 환초 북쪽에 있는 유일한 고등학교에 다니는 16살 넘은 학생들도 오토바이를 타고 등교한다.

나름 1종보통면허를 가지고 있어서 125cc 오토바이까지 운전할 수 있다. 그런데 면허를 딴 지 20년이 넘었지만, 오토바이를 타 본 적이 없다. 그래서 투발루에 가기 전에 한국에서 오토바이 연수를 받았다. 2시간이라는 짧은 시간이지만 한국에서 그래도 나름 오토바이 운전을 연습하고 투발루로 갔다.

투발루에서 오토바이 운전을 하기 위해서는 법적으로 국제운전면허증은 필요하지 않다. 오토바이를 빌릴 때도 따로 면허증을 확인하지는 않는다. 그러나 투발루에 14일 이상 머무를 경우는 투발루 운전면허증 발급이 필요하다고 한다. 나의 운전면허증 뒷면에는 1종보통면허로 운전할 수 있는 차량이 나와 있다. 그러나 혹시나 몰라 영어로 된 국제운전면허증도 발급받아 챙겨 갔다.

토요일에 동네 산책하다가 미리 오토바이 대여점을 알아두었다. 그리고 미리 시세도 파악했다. 오토바이 대여점이 두 군데가 있는데 한 군데는 하루에 15호주달러 15,000원, 다른 한 군데는 하루에 10호주달러 10,000원이었다.

월요일 아침, 더위가 오기 전에 숙소 근처의 오토바이 대여소를 찾아갔다. 연로하신 어르신 사장님이 낯선 동양 외국인을 맞이했다.

"오토바이를 빌리러 왔습니다."
"며칠을 빌릴 건가요?"
"3일 빌리려고 합니다."
"하루에 10호주달러씩, 총 30달러입니다. 여기에 적으세요."

낡디낡은 장부에 대여 날짜와 기간, 그리고 나의 이름 등을 적었다. 나와 3일 동안 투발루를 여행할 친구는 'AO-10008' 번호를 가진 붉은색 오토바이다.
어르신은 투발루어 반, 명사로만 이루어진 영어 반을 섞어서 오토바이 조작법을 알려주셨다. 이제 나의 시간이다. 오토바이 열쇠도 인계받고 시동을 걸었다. 그리고 액셀러레이터를 당기는 순간 오토바이가 '부웅~' 하고 소리를 냈다. 솔직히 그때는 너무 당황한 나머지 정말 '부웅~' 소리가 났는지도 기억나지 않는다. 아무튼 한국에서 2시간 동안 속성으로 배운 것과 달랐다. '뭐지?' 하고 있을 때, 오토바이 대여소에 놀러 온 듯한 파란색 남방을 입은 아저씨가 나에게 다가왔다.

"기어를 넣어야죠."
"기어요?"
"네. 기어 넣는 법 몰라요?"

"네. 모르는데요."

그렇다. 내가 한국에서 배운 오토바이는 기어가 없는 스쿠터였다. 기어를 조작해야 하는 오토바이는 배우지 않았다. 투발루에서는 고등학생도 타는 기어 달린 오토바이를 40대 동양인 이방인이 다룰 줄 몰라 하니, 그는 황당하다는 표정을 지었다. 나 역시 할 말은 있다. 투발루의 오토바이에 대한 여건을 전혀 몰랐던 나는, 특히나 오토바이에 대해서 평생 관심이 없었던 나는, 기어가 있는 오토바이가 있다는 것 자체를 모른 채 기어가 없는 스쿠터만 배우고 온 것이다.

아저씨께서 왼발로 기어 올리는 법을 친절하게 설명해 주셨지만, 솔직히 제대로 이해하지 못했다. 한참 동안 파란색 남방을 입은 아저씨의 외국인 맞춤형 오토바이 단기 특강에도 나는 결국 오토바이 대여를 포기하고 말았다.

"혹시 기어가 없는 스쿠터는 없나요?"
"없어요."
"그럼, 자전거 빌리는 곳은 있나요?"
"없어요."

일말의 희망을 가지고 최후의 두 가지 질문을 어르신 사장님께 던졌다. 두 질문의 답은 모두 "없어요."였다. 투발루에서는 기어가 없는 오토바이를 구할 수 없고, 자전거도 빌릴 수 없는 것이었다.

투발루에 있는 동안 자전거는 딱 세 대를 봤다. 한 대는 투발루에서 알게 된 이탈리아 친구 엘리사Elisa가 호주에서 사서 비행기에 화물로 싣고 왔다는 자전거고, 다른 한 대는 이름 모를 투발루인이 아닌 외국인 할아버지가 타는 자전거였다. 마지막으로는 동네 꼬마 아이가 타는 세발자전거였다.

지금 생각해 보면 오토바이를 대여하지 않은 게 좋은 선택이었다. 오토바이를 탔다면 순간 지나쳤을 것들을 뚜벅뚜벅 걸으며 천천히 볼 수 있었다. 그리고 오토바이를 이용하지 않은 만큼 투발루 여행 과정에서 오토바이로 인한 온실가스 배출을 더 적게 하게 되었다. 걷는 동안 나의 피부는 점점 검게 그을렸지만, 온실가스 배출을 줄였다는 점에서 스스로를 위로했다.

오토바이 대여소 앞에 붉은색 대여용 오토바이가 줄 서 있다.

3장.
바다와 섬, 그리고 기후변화의 그림자

1. 남태평양의 푸르디푸른 바다

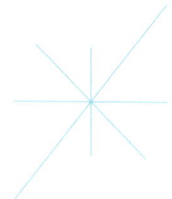

우연한 인연의 시작

피지 수바에서 투발루행 국제선 비행기는 아침 9시에 출발하여, 11시 35분쯤 투발루 푸나푸티 국제공항에 도착했다. 투발루행 비행기를 타기 위해서는 호텔 조식 시간보다 일찍 공항에 도착해야 했다. 그래서 한국에서 준비해 간 비상식량인 신라면으로 호텔 방에서 뽀글이를 해 먹었다. 투발루로 오는 비행기는 국제선이라 간단히 빵 하나를 기내식으로 제공했지만, 점심으로는 턱없이 부족했다. 투발루에 도착해서도 점심 식사보다는 우선 호텔 체크인과 유심 구입을 하고, 한국에 생존 소식을 알리는 게 우선이었다. 나름 긴박한 일을 마치고 나니 벌써 오후 2시가 넘었다.

◦ 투발루행 국제선 기내식
허기진 배를 채울 수는 없었다. 그러나 티모 Tymo 초콜릿은 맛있었다.

배고픔을 달래기 위해 숙소에서 가까운 식당, 호텔에서 걸어서 5분 거리에 있는 수스 키친 Sue's Kitchen 으로 향했다. 여기는 투발루에 있는 동안 내가 가장 즐겼던 식당이기도 하다. 왜냐하면 투발루에서 유일하게 아이스커피를 파는 식당이기 때문이다. 더욱 정확하게 말하면 아메리카노에 바닐라 아이스크림을 넣은 커피로, 이것도 여기서 누릴 수 있는 가장 큰 호사 중 하나였다. 동네 산책하다가 더위를 식히기 위해 들러 커피 한 잔, 장대비를 잠시나마 피하기 위해 들러 커피 한 잔…. 투발루에 있는 동안 매일 들러 커피를 마셨던 곳이다.

° 수스 키친 식당과 햄치즈샌드위치

내가 시킨 메뉴는 햄치즈샌드위치와 콜라다. 막상 메뉴가 나오고 보니 실망했다. 내가 예상했던 샌드위치가 아니었다. 푹신한 빵, 그리고 빵 사이를 채운 야채와 햄, 치즈가 차곡차곡 쌓인 샌드위치가 아니다. 식빵을 삼각형으로 자르고 빵 사이에 햄과 치즈만 넣고 그릴로 눌러 바삭하게 익힌 파니니였다. 내가 샌드위치의 뜻을 잘못 알고 있나? 다른 메뉴를 다시 고민하기에는 허기진 배를 채우는 게 우선이었다.

  샌드위치 한 입을 먹고 멍하니 있는데, 한 여성이 식당 앞에 자전거를 세우고 식당 안으로 들어왔다. 들어왔다고 하기도 그렇지만 말이다. 왜냐하면 주방을 제외하고는 테이블이 3개밖에 없는 삼면이 뻥 뚫린 간이 식당이기 때문이다. 입으로는 샌드위치를 한 입 머금으며, 귀를 쫑긋 세우고 그녀가 무엇을 주문하는지 유심히 들었다. 나보다 투발루에 먼저 도착한 듯 보였기 때문에, 다음에 이곳에 다시 올 때 그녀가 시킨 메뉴를 참고하기 위해서다. 그런데 그녀는 메뉴에도 없는 에그 스크램블을 주문했다. 내가 잘못 들은 것인가?

  테이블 3개 중 다른 두 테이블은 여러 사람이 앉아 있었다. 그녀는 4인용 테이블에 혼자 앉아 있던 동양인 남자인 나에게 다가와 물었다.

"안녕하세요. 여기 앉아도 되나요?"
"네. 당연하죠. 앉으세요."

  그녀의 이름은 앞서 이야기한 엘리사로 이탈리아 로마 출신이라 한다. 세계식량기구에서 일하고 있는데, 현재는 기후변화 적응 프로젝트를 하기 위해 투발루에 머문 지 2주 정도 되었다고 한다. 나보다 먼저 온 것은 맞았다. 국적과 이름 등 아주 일상적인 이야기를 하다가 그녀는 나에 대해서도 궁금해했다.

"여기는 무슨 일로 왔어요? 프로젝트?"
"여행으로 왔어요."
"여행으로 오기에는 볼거리가 많지 않은데, 신기하네요? 왜 투발루로 오게 되었어요?"
"한국에서 기후변화 관련 일을 하고 있어서 오래전부터 투발루를 오고 싶었어요."

이윽고 그녀의 스크램블이 나왔다.

"메뉴판에도 없는 메뉴인데 이렇게 시켜도 돼요?"
"재료가 한정적이지만, 있을 만한 재료로 주문하면 만들어 주더라고요."

역시나! 투발루 여행 선배만이 해줄 수 있는 이야기였다. 더 나아가 나는 나보다 투발루에 더 오래 머문 외국인 선배에게 투발루에 대해 궁금한 걸 물었다.

"외곽 섬으로 스노클링 갈 수 있다고 하는데, 여행사가 어디에 있는지 아세요?"

마침 그녀는 내일 투발루에서 알게 된 친구들과 외곽 섬으로 스노클링을 갈 예정이라고 했다.

"혹시 저도 갈 수 있을까요?"

"저도 함께 가는 거라 친구들에게 물어볼게요."

잠시 후, 그녀의 친구에게서 답이 왔다.

"친구들이 괜찮다고 했어요. 내일 점심 12시까지 모닝 스타 교회 Morning Star Church, 투발루어: Fetuao Lima Church 뒤에 있는 작은 선착장으로 와요. 1인당 비용은 30호주달러 30,000원 예요. 스노클링 장비도 챙겨 오고요."

이렇게 운이 좋게 꼭 가고 싶은 스노클링 투어도 예약되었다. 나중에 알게 되었지만, 이번 투어 팀은 동양인이 더 많은 모임이었다. 그래서 낯선 동양인 남자도 흔쾌히 일행에 끼워준 것 같다. 이 모임 덕분에 나의 일주일간 투발루 여행은 훨씬 더 풍성해졌다. 이렇게 해서 투발루에서의 우연한 인연이 시작되었다.

남태평양 외딴섬의 쓰레기

스노클링을 가기로 한 날이 밝았다. 약속된 장소까지는 숙소에서 걸어서 10분 남짓 거리였다. 그런데 모이는 시간이 12시라 점심 식사가 애매했다. 스노클링을 위해서는 점심을 먹어야 하는데, 소화 시간까지 생각하면 조금 일찍 점심을 먹어야 했다. 그래서 비상식량으로 점심을 때우기로 했다. 한국에서부터 가져간 햇반과 볶은 김치다.

대학교 때 중국으로 배낭여행을 혼자 다녀온 적이 있다. 그때는 여행객도 많지 않은 시절이라 식당의 메뉴판에 사진이 없고, 한자로만 나와 있는 경우가 많았다. 그때는 메뉴판을 보고 닭 계鷄나 돼지 돈豚 같은 한자를 보고 무턱대고 음식을 시켜 먹곤 했다. 그 덕

° 한국에서 챙겨 간 비상식량
일회용품이라 양심에 찔렸지만, 혹시 몰라 챙겨 갔다.

분에 나는 지금도 향이 강한 고수를 좋아하게 되었고, 그 이후로 나는 외국 음식을 꺼리지 않는 사람이라는 것을 알게 되었다.

그럼에도 혹시 몰라 비상식량으로 햇반과 반찬, 그리고 종이팩 소주를 챙겼다. 다만, 챙겨 간 비상식량의 포장재가 일회용품이라는 점에서 양심에 조금 찔렸다. 다행히 투발루에서는 소주만 모두 마셨고, 나머지는 대부분 다시 한국으로 가져왔다.

아무튼 혹시나 해서 챙겨 간 햇반과 볶은 김치로 간단히 점심을 해결한 뒤 약속 장소로 향했다. 투발루 선배인 엘리사가 먼저 도착해 있었다. 그리고 약속 장소로 하나둘씩 사람들이 모였다. 순차적으로 도착했기에 으레 하는 인사가 계속됐다. "안녕.", "어디에서 왔니?", "반가워." 등의 인사말이다.

일행은 총 7명이었다. 호주에서 프로젝트 때문에 온 대학생 리

° 글로벌 스노클링팀

자Liza, 수영을 잘 못하지만 리자를 따라온 프랑스인 대학생 이안Ian, 대만 대사관 직원 대만인 루카스Lucas, 대만과 투발루의 보건 협력 프로그램을 운영하는 대만인 팅Ting, 투발루에서 농장을 관리하는 대만인 앤디Andy, 그리고 엘리사와 나. 특히나 대만인 3명은 목적은 다르지만 현재 투발루에 살고 있다고 한다. 이렇게 동양인 4명에 서양인 3명의 동양인이 더 많은 '글로벌 스노클링팀'이 결정되었다.

솔직히 배가 도착하기 전까지 나는 어느 섬으로 가는지 몰랐다. 도착해서 구글 지도를 켜서야, 이 섬이 푸나푸티 환초에서 가장 큰 섬인 폰가팔레로부터 남서쪽으로 10km 떨어진 작은 섬Islet 파레파투Falefatu라는 것을 알았다.

작은 선착장을 떠난 우리 배는 파레파투로 향했다. 선착장에서

º 파레파투 가는 길
새파란 바닷물이 인상적이다.

잠깐만 떠났는데도 아주 파란, 정말 생전 처음 보는 푸른빛의 바다가 우리 일행을 맞이했다. 투발루에 거주하는 대만인 3명은 푸른 바다에 별다른 반응이 없었지만, 나를 포함해 투발루가 낯선 4명은 "우와!"를 외치며 핸드폰 사진을 찍어댔다.

이 순간 '나는 정말 대단한 작가는 아니구나.'라는 생각이 스쳤다. 내가 대단한 작가라면 이 풍광을 세상의 모든 미사여구로 아름답게 표현할 수 있을 텐데, 나는 '생전 처음 보는 푸른빛의 바다'라는 무미건조한 표현밖에 쓰지 못하니 말이다.

남태평양의 푸른 바다를 30분 정도 항해한 뒤 우리는 무인도 파레파투에 하선했다. 젊은 선장은 우리에게 지금부터 4시간 동안 자유롭게 섬과 바다를 즐기라고 말했다.

파레파투에 여러 번 와봤다던 대만인 앤디가 우리를 자연스럽게 섬 안쪽으로 안내했다. 해안가에서 약간 높은 지역을 베이스캠프로 잡자는 것이다. 짐을 내려놓음과 동시에 대만인 3명은 해먹을 설치하기 시작했다. 역시나 여러 번 와봤고, 여기에 사는 사람들다웠다. 여행객은 투발루까지 해먹을 들고 올 생각을 하지는 않을 것이다. 경력자들은 신참 팀원들에게 이렇게 이야기했다.

"여기서 쉬고 있을게요."

나는 우선 동쪽 바다인 대양 쪽으로 걸어갔다. 날이 좋아서 파도가 높지는 않았다. 끝이 보이지 않는 바다가 눈에 들어왔다. 잔잔한 파도가 죽은 산호초로 이루어진 돌무더기에 부서진다. 끝없는 바다와 파도를 바라보며, 카누 한 척으로 망망대해를 누볐던 폴리네시안의 용기를 다시금 떠올렸다.

그와 동시에 눈이 찌푸려졌다. 수많은 플라스틱병이 남태평양 외딴 무인도 해변에 켜켜이 쌓여 있었다. 최근에 유입된 것처럼 보이는 플라스틱병도 있지만, 남태평양의 뜨거운 자외선으로 인해 살짝 손만 닿아도 바로 부서질 듯한 플라스틱병도 많이 있었다. 누군가 무심코 버린 플라스틱병이 해류를 타고 흘러와 이 외딴섬까지 표류한 것이다. 이들은 시간이 지나면 미세플라스틱이 되어 결국엔 바다와 바다 생태계를 오염시킬 것이다.

섬 동쪽을 산책하다가 낯선 섬에서 익숙한 녹색 병을 발견했다. '설마?' 하며 익숙한 녹색병을 향해 천천히 걸음을 옮겼다. 익숙

* 남태평양 무인도에서 발견한 소주병

한 녹색병에 다가갈수록 크기와 색깔이 더욱 또렷해졌다. 가까이 다가가 서서히 들어 올렸다.

"유레카!"

나는 남태평양의 외딴섬에서 소주병을 발견하고 아르키메데스Archimedes가 된 것처럼 외쳤다. 설마 하는 마음으로 소주병으로 보이는 병을 자세히 살폈다. 병 아래쪽에 "SOJU", "환경보호"라고 쓰여 있었다. 설마가 '확실'이 되는 순간이었다.

과연 이 소주병은 어디서부터 흘러온 것일까? 한국인 방문객이 적은 투발루에 소주병을 들고, 게다가 여기 무인도까지 와서 버린 것은 아닐 터이다. 누군가가 무단으로 버린 소주병이 어디에서인가부터 해류를 타고 여기까지 표류해서 온 것일 테다. 어디서 시작되었던 거친 해류에도 깨지지 않는 강한 소주병을 만드는 기술력은 확인한 셈이다.

한국인으로서 양심상 다른 플라스틱병은 몰라도 소주병만큼은 외딴 무인도 파레파투에 두고 나올 수 없었다. 섬에서 나오는 길에 조심스레 소주병을 본섬까지 들고 와 숙소 쓰레기통에 버렸다.

그날 밤 참이슬 회사의 인스타그램 공식 계정에 메시지를 보냈다.

"투발루라는 태평양 한가운데에서 소주병을 발견했습니다. 제가 주워 왔는데, 병 아래에 '환경보호'라는 문구가 적혀 있더군요. 혹시 진로가 생물다양성 보전이나 자원 순환 측면에서 할 수 있는 일이 있을지 궁금해 이렇게 메시지 드립니다."

아직 참이슬 인스타그램 담당자로부터 답장은 오지 않았다. 아마도 인스타그램 담당자가 이 메시지를 수많은 평범한 요청 중 하나로 취급했을 것이다. 공식적으로 참이슬 본사에 연락할 수도 있지만, 그만두기로 했다. 우리가 버린 쓰레기 하나가 결국 저 먼 바다까지 흘러가 환경을 오염시킨다는 사실을 직접 목격했다. 또한, 환경오염을 유발하는 기업이 자사가 만든 폐기물에 무관심하다는 현실도 깨닫게 됐다.

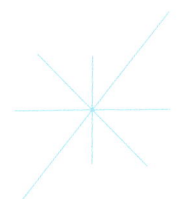

뜨거워지는 산호초 섬

바로 오늘을 위해 준비한 것이 있다. 우선 한국에 있으면서 수영을 다시 시작했다. 군 복무를 마치고 대학교 복학 이전에 수영을 반년 정도 배웠다. 대학교 복학을 위해 수영을 중간에 그만두었지만, 평영까지는 배웠다. 그리고 최근에는 여름마다 아이들과 물놀이하러 다녔기에 수영이 낯설지는 않다. 몸이 수영을 기억하고 있겠지만, 대양의 바닷물과 좀 더 친해지려고 수영을 다시 시작했다.

한국에서 고프로도 가져왔다. 요즘 핸드폰은 방수 기능이 있기도 하고, 방수팩에 핸드폰을 넣고 바닷속에 들어가도 되기는 한다. 그러나 생생한 영상을 담고도 싶고, 바닷속에 핸드폰을 들고 들어갔다가 혹시나 핸드폰 방수가 안 될 가능성을 대비해 물속에는 고프로를 들고 갔다.

섬 근처 얕은 물부터 천천히 들어갔다. 바닷물은 차갑지 않고 오히려 따뜻했다. 온도계가 없어 온도를 정확히 잴 수는 없었지만, 미온수에 가까웠다. 서서히 안쪽으로 들어갈수록 점점 산호초가 보이기 시작했다. 그런데 내가 예상하던 산호초가 아니었다. 죽은 산호초 투성이었다. 죽은 산호초가 하얗게 변해 있었다.

투발루 근처인 호주 동해안에는 길이가 2,300km에 달하는 세계 최대 산호초 군락지인 '그레이트 배리어 리프 Great Barrier Reef'가 있다. 그런데 기후변화로 수온이 점점 따뜻해지면서 산호초가 죽고 있다. 산호초가 높은 수온으로 산호의 조직에 살고 있는 공생조류 Zooxanthellae를 방출하면서 하얗게 되는 '백화현상 Bleach'을 일으킨다. 최근 연구에 따르면 그레이트 배리어 리프 산호의 73%에서 백화현상이 진행 중이라고 한다.

여기 투발루에서도 산호초의 백화현상을 보았다. 점점 따뜻해지는 바닷물에 산호초가 더 이상 견디지 못하고 죽은 것이다. 섬에서 약 100m 지역까지 백화한 산호초의 잔해가 한때 이곳이 산호초 지대였음을 알려주었다. 해수면 상승뿐 아니라 수온 상승도 투발루에 영향을 주고 있었다.

산호초가 죽는다는 것은 개체 하나의 죽음으로 끝나는 것이 아니다. 산호초는 작은 물고기의 집이다. 작은 물고기는 산호초에 부착되어 있는 조류를 먹고 살고, 큰 물고기를 피해 산호초에 숨

◦ 파레파투에서 마주한 파란 산호 *Acropora echinata*

는다. 산호초가 죽는다는 것은 작은 물고기의 터전이 사라진다는 것과 같은 말이다.

NASA의 관측자료에 따르면 2024년 3월 남태평양 바다 표면 온도가 35℃에 육박했다. 산호초가 생장을 위한 최적 온도가 20~28℃라고 하니 남태평양은 더 이상 산호초 생존에 우호적인 지역은 아니다. 특히나 남태평양의 수온은 지난 40년 동안 1.5℃가 상승했으며, 이는 같은 기간 다른 지역의 수온 상승 폭인 0.2~1℃보다 훨씬 크다.

바다 수영이 익숙하지는 않지만, 스노클링 동료들이 있는 바깥쪽으로 나도 조금씩 나아갔다. 바깥쪽으로 나갈수록 몸으로 느끼기에도 확연히 수온이 낮아졌다. 아래만 보고 열심히 가다가 놀라운 광경을 목격했다.

대규모의 파란색 산호초 군락이었다. 이 산호는 단풍돌산호과 Acroporidae에 속하는 *Acropora echinata*라는 이름의 산호로, 남태평양 지역에 널리 분포하는 산호초다. 산호초의 색은 보드카를 기본으로 한 블루라군 Blue Lagoon 칵테일 색과 같았다. 더욱이 새파란 바닷물 속에서 보이는 산호초는 더욱 진한 파란빛을 띠었다. 파란색의 대규모 산호초와 산호초 주변을 유영하는 물고기는 환상의 나라 같았다.

파란 산호 앞에서 만난 엘리사와 나는 둘 다 동시에 엄지손가락을 치켜들며 블루라군의 아름다움에 감탄했다. 생각해 보니 엄지손가락을 치켜드는 의미가 우리나라와 이탈리아가 같은 의미로 쓰이나 보다. 아무튼 나는 수영을 잘하지 못해 깊은 곳으로 들어가지는 않았지만, 리자와 엘리사는 깊은 곳까지 들어가 다시는 못 볼 수도 있는 남태평양의 블루라군을 만끽했다.

사실 이 산호의 이름은 우연히 알게 되었다. 우리 '글로벌 스노클링팀'은 계속 이 산호를 블루라군이라고만 불렀고, 우리를 안내해 준 배의 선장님은 이 산호의 투발루어 이름을 알려줬지만 정작 산호의 이름은 기억하지 못했다. 그러다 한국에 엽서를 보내면서 이 산호의 이름을 알게 되었다. 우표에 블루라군 산호의 사진과 학명이 적혀 있었다. 투발루는 정말 우연의 연속인 곳이었다.

파레파투 동해안의 풍광을 감상하고, 서해안의 산호초를 보며 시간을 보내다 보니 어느새 4시간이 훌쩍 지나갔다. 수영을 잘했으면 더 먼 곳의 바다와 더 깊은 곳의 바다를 볼 수 있었겠지만, 이건 용기로 해결될 문제는 아니었다. 아쉬움이 남지만, 안전을 선택했다.

이렇게 '글로벌 스노클링팀'의 여정은 끝났다. 다만 우리의 인연은 여기서 끝난 게 아니었다. 투발루에 있는 내내 곳곳에서 이들을 마주쳤다.

° 평온한 남태평양의 외딴섬

2. 하늘과 바람, 별과 섬의 노래

눈이 부시게 빛나는 하늘

"맑은 하늘이 그립다. 맑은 마음이 그립다."

- 박노해, 2013 -

봄철 한국의 하늘은 너무 뿌옇다. 미세먼지 때문이다. 코로나 19로 사람들이 마스크를 쓰기 전부터 사람들은 미세먼지 때문에 마스크를 쓰기 시작했다. 원인은 다양하다. 누군가는 중국에서 기인한 황사와 대기오염 때문이라고 이야기한다. 누군가는 바람길을 고려하지 않은 우리나라의 도시 설계 구조 때문이라고 이야기한다. 심지어 누군가는 고등어구이 때문이라고 이야기한다. 원인이야 어찌 됐든 봄철 미세먼지로 뿌연 하늘은 이제 한국의 봄을 상징하는 일상이 되었다.

투발루의 하늘은 눈이 시릴 정도로 파랗다. 미세먼지는 찾아볼 수 없다. 항공 지도를 보면 투발루에 영향을 미칠 만한 다른 국가가 없다. 적도 수렴대에 위치해 투발루의 하늘을 구름이 자주 가린다. 미세먼지는 아니다. 자주 내리는 비는 그나마 하늘에 존재하는 먼지를 계속 씻어낸다. 심지어 고등어구이를 먹지도 않는다. 다른 생선을 튀기기는 하지만 투발루 인구 1만 명이 동시에 생선구이를 하더라도 미세먼지가 발생하지는 않을 것 같다.

투발루의 하늘은 당장이라도 비를 쏟아낼 듯한 구름이 드리우는 순간만 제외하면 늘 맑고 투명하다. 구름 한 점 없는 푸르디푸른 하늘은 눈이 부셨다. 한국에서는 미세먼지 때문에 상상할 수가 없는 맑은 하늘이다.

이솝 우화《북풍과 태양》을 기억하시는지요? 어느 날 북풍과 태양이 논쟁을 벌였다. 태양은 자신의 명랑하고 따뜻한 성품 때문에 많은 이들에게 사랑을 받는다고 북풍에게 이야기했다.

북풍은 태양에게 자신은 냉정하고 매서운 성격 덕분에 모든 이들에게 존경받는다고 말했다. 그러자 태양은 이에 반박하며 자신이 더 많은 사랑을 받고 있다고 주장했다. 결국, 두 존재는 서로 자신이 더 사랑받고 존경받는다고 다투기 시작했다.

그리고 어느 날 태양이 북풍을 향해 이런 제안을 했다. 누가 더욱 사랑을 받고, 누가 더욱 존경받는지를 지나가는 나그네의 옷 벗기기 시합을 통해 확인하자는 것이다. 결과는 아시다시피 따뜻하고 온화한 햇살을 비춘 태양이 승리한다. '태양이 승리했다'는 결말은 《북풍과 태양》에 대한 스포일러가 되지 않을 것이다.

투발루에서는 어느 순간 나타난 나그네인 나를 두고 태양과 구름이 시합하는 것 같았다. 투발루에서는 맑고 뜨거운 태양이 나를 내리쬤다. 그럴 때마다 나는 수스 키친 Sue's Kitchen에 가서 5,000원짜리 아이스커피를 마시거나, 지미 스토어 Jimmy Store에 가서 1,000원짜리 소프트콘을 먹었다. 잠시지만 더위를 식혀준다.

시원한 생수도 좋지만, 차가운 맥주도 생각난다. 첫날은 아무 것도 모르고 숙소인 호텔에서 캔맥주를 사서 마셨다. 네 종류의 캔맥주를 호텔에서 팔고 있으나, 맥주도 모두 수입산이라 당연히 가격은 비싸다. 호텔에서 정보를 탐색한 결과 모닝 스타 교회를 지나쳐 조금만 더 가다 보면 테포타 미니 마트 Tefota Mini Mart에서 술을 판다고 한다. 투발루 푸나푸티 환초에서 유일하게 술을 파는 곳이다. 마트에서는 맥주뿐 아니라, 테킬라, 위스키, 럼 같은 다양한 술도 판다.

나는 매일 여기를 들러 355ml 한 캔에 3호주달러 3,000원 정도의 네덜란드 맥주를 샀다. 술을 사는 데 따로 신분증 검사 같은 것은 하지 않았다. 그리고 길거리에서 술을 마시는 사람은 없어 숙소에서만 마셨다. 뜨겁게 몰아치는 태양 덕분에 투발루에서 나그네는 시원한 맥주의 진가를 느꼈다.

° 소프트콘과 신라면을 파는 가장 큰 마트, 지미 스토어

° 술을 파는 테포타 미니 마트

투발루의 태양은 따뜻하거나 온화한 기운과는 거리가 멀다. 구름은 한낮의 태양을 잠시나마 가려준다. 투발루를 걸어 다니는 뚜벅이에게는 고마운 존재였다. 그러다가 심기가 불편했는지 장

대비를 쏟아낸다. 나름 비를 좋아하는 나는 수스 키친으로 달려가 5,000원짜리 아이스커피를 시키고 장대비를 구경했다.

"선크림 잘 발라요."라는 아내의 당부에 따라 외출할 때 꼭 선크림을 발랐다. 그러나 적도의 뜨거운 태양 아래 선크림은 무용지물이었다. 우리 가족 사이에서 나의 별명은 '땀쟁이'다. 그만큼 조금만 더워져도 등에 땀이 난다. 그래서 되도록 여름철에 회색 티셔츠를 입지 않는다. 회색 티셔츠는 조금만 땀이 나도 옷이 검게 변해서 내가 땀쟁이라는 것을 남들에게 부지불식간에 알리게 된다. 그나마 외롭지는 않다. 둘째 아이가 아빠의 땀쟁이 유전자를 물려받았다. 첫째 아이는 엄마의 유전자를 닮아 땀을 별로 안 흘리는데, 둘째는 조금만 더워져도 가만히 집에만 있는 순간에도 등에 땀이 난다.

땀쟁이에게 적도의 뜨거운 태양과 열대우림기후의 습도는 땀을 흘리기에 최적의 조건이었다. 선크림을 발라도 흐르는 땀이 선크림과 같이 계속 흘러내렸다. 땀을 닦는 순간 선크림도 같이 닦아졌다. 그 순간은 마치 눈부신 태양이 내 얼굴을 노리고 태우는 듯했다. 그 결과, 한국에 돌아와서도 몇 달간 '검게 그을린 얼굴'로 지내야 했다.

운명의 장난인 줄 모르겠으나, 이후 나의 '검게 그을린 얼굴' 덕분에 투발루와 나의 글을 쉽게 설명하게 되었다. 2024년 7월에 발간한 나의 두 번째 책《절대 지켜, 1.5도!》의 표지에는 나를 상징으로 한 안경 쓴 곰이 그려져 있다. 2024년 2월쯤 표지 시안을 받았을 때, 그때는 곰의 털 색깔이 너무 진하다고 생각했다. 그런데 투발루에서 돌아와 검게 그을린 내 얼굴을 보니, 출판사 대표님의 선견지명에 감탄하지 않을 수 없었다.

"노을 지는 풍경이 너무 아름다워 노을 속에 잠겨 예쁜 꿈을 꾼다."

- 이강산, '노을 지는 풍경', 1989 -

'국민학교' 2학년 때인가 3학년 때인가 기억이 가물가물하다. 그때 봄 소풍에서 장기자랑 때 친구가 이 노래를 불렀다. 그때가 이 노래를 처음 들었을 때인 것 같다. 더 일찍 들었을 수도 있지만, 가냘픈 목소리에 정자세로 두 손을 모으고 부르던 친구의 모습이 아직도 생생한 기억으로 남아 있다.

남반구의 노을이 아름답다고 들었다. 미지의 투발루에서의 노을을 기대하며 투발루로 떠났다. 3월에 투발루의 일몰은 저녁 6시 30분 경이다. 나는 도착한 뒤로 매일 숙소 뒤편으로 나가 일몰을 기다렸다. 그런데 투발루에 도착한 뒤 3일 동안 저녁마다 흐려 제대로 된 일몰을 보지 못했다.

4일째 되는 날 드디어 투발루의 노을을 봤다. 이날도 어김없이 동네를 돌아다녔다. 이날은 활주로 남쪽 동네를 돌아다니다가 이름 모를 해변에 당도했다. 해변에는 부자지간으로 보이는 가족이 물놀이를 하고 있었다. 그리고 그들 뒤로 저 먼바다에서 태양이 서서히 바다를 향해 내려오고 있었다.

수평선 가까이 도달한 태양 빛은 여러 겹의 구름을 뚫고 다양한 색채를 뿜어내고 있었다. 마치 내일은 다시 안 뜰 태양이라 마지막을 불태우듯이 투발루의 저녁 하늘을 붉은빛으로 물들이고 있었다. 짙은 붉은색에서 연한 주황색까지 이어지는 그러데이션이 하늘을 아름답게 물들였다. 그리고 나를 힘들게 했던 맑은 하늘 덕분에 수평선 저편으로 사라지는 태양의 모습이 아주 또렷하게 보였다.

투발루의 노을을 사진으로 찍었으나, 사진으로는 다 표현할 수 없다. 수평선을 중심으로 위쪽으로, 그리고 양옆도 파노라마 사진으로 담아야만 이 풍광을 다 담을 수 있을 것 같았다. 나의 글솜씨로도 다 표현할 수 없다. 이 풍광은 직접 눈으로 보고 가슴으로 담아야만 그 모습을 오롯이 볼 수 있을 것 같다.

고등학교도 이과를 나오고, 대학교 학부도 이공계열을 선택한 나로서는 노을이 생기는 원리는 '과학적'으로 알고 있고 설명할 수도 있다. 그러나 투발루의 노을은 나를 변하게 했다. MBTI가 ESTJ인 나는 T사고의 성격임에도, 투발루의 노을은 나를 F감정로 만들었다.

태양이 점차 사라지면서 하늘빛도 시시각각 변하고 있었다. 한 30분 동안 멍하니 있었을까? 갑자기 지나가던 오토바이 한 대가 멈춘다. 주말에 같이 스노클링을 갔던 대만인 친구 텅이었다.

"노을이 너무 아름다워요."

순간 T로 돌아오는 나는 무미건조한 T의 언어로 투발루의 노을

° 투발루의 노을

을 설명했다. 정확히는 노을이 순간 영어 단어로 떠오르지 않아 일몰Sunset이란 단어를 썼다. 그녀도 그렇다면서 연신 사진과 동영상을 찍었다. 나보다 투발루에 오래 있었던 그녀에게도, 투발루의 노을은 보고 또 봐도 아름다움을 갖게 했다.

투발루의 하늘은 끊임없이 변하며, 그때마다 여행자인 나에게 새로운 감동을 선사했다. 변화가 무쌍한 하늘만큼이나 다양한 경험을 하게 해준다. 언제 다시 이 하늘을 볼 수 있을까? 남태평양 외딴섬에서 눈이 부시게 빛나는 하늘, 노을, 구름은 나의 마음을 평안하게 만들었다.

"멋진 별자리 이름은 모르지만 … 나랑 별 보러 가지 않을래."

- 적재, '별 보러 가자', 2017 -

한국의 밤하늘에서는 별 보기가 어렵다. 빛 공해 때문이다. 도시의 현란한 네온사인과 건물의 전등, 길가의 가로등이 밤을 밝힌다. 밤이 밝아질수록 우리가 밤하늘을 볼 때 별을 식별하는 능력이 떨어진다. 그리고 목을 뒤로 젖히면서까지 별을 보려고 시도 자체를 못 하고 바쁘게 사는 우리네 삶 때문에 그럴지도 모른다.

투발루에 도착한 첫날 저녁은 호텔에서 먹었다. 근처에도 식당이 있지만, 아직 내가 머문 폰가팔레의 지리를 잘 몰랐다. 그리고 되도록 야간에는 다니지 말라는 당부를 듣기도 했다. 야간에 다니지 말라는 것은 투발루의 치안이 좋지 않아서가 아니다.

투발루에는 들개가 많고, 덩치도 꽤 크다. 동네를 다니다 보면 사람 소리에 아랑곳하지 않고, 그늘진 곳에 누워 낮잠을 잔다. 심지어 집 앞에 있는 묘지 위에 누워서도 잠자고, 길 한가운데서 누워서도 잠잔다. 이 세상에서 제일 행복해 보이기도 한다. 그리고 숙소에서 유일하게 있는 야외 식당에도 식사 시간에 나타난다. 숙소와 외부의 경계가 없기 때문이다. 호텔 직원에게 쫓겨나기도 하지만, 사람이 건들지 않는 이상 개와 사람이 서로 건들지 않기에 사람들은 못 본 척한다. 한국 사람이라면 "식당에 왜 개가 있냐.", "왜 내쫓지 않냐."며 뭐라고 하겠지만 여기는 일상이다.

야간에 다니지 말라는 이유는 치안보다는 들개들이 달려와 물 가능성이 있기 때문이다. 무리를 지어서 다니는 개떼를 발견하면 도망가기도 했다. 투발루 사람이라면 개를 쫓을 텐데, 외국인은 개를 쫓는 데 익숙하지 않기 때문이다. 대만 대사관 직원인 루카스는 밤에 돌아다니다가 개에게 세 번이나 물렸다고 들었다.

아무튼 호텔의 야외 식당에서 시킨 메뉴는 닭볶음 요리 Chicken Stir Fry 와 맥주 한 캔이다. 식당 카운터에서 직원에게 주문한 뒤, 원하는 자리에 앉아 기다리면 된다. 그러면 20~30분 사이에 메뉴를 가져다준다. 호텔 식당은 2층짜리 호텔 건물과 야외 독채의 중앙에 위치하고 있다. 그래서 그런지 호텔 식당이 호텔 전체에서 유일하게 와이파이가 잡히는 곳이다 방에서는 와이파이가 안 잡힌다. 속도는 당연히 느리다. 그나마 메뉴를 기다리는 동안 와이파이를 켜서 10MB 메가바이트 정도의 대용량 동영상을 아내, 어머니, 장모님께 보내다 보면 20~30분이 금방 지나간다.

호텔의 점심과 저녁 메뉴는 모두 고정된 가격으로 판매된다. 매일 제공되는 메뉴는 3~4개인데, 가격은 모두 항상 21.7호주달러 21,700원 이다. 요리도 간단하다. 닭, 새우, 돼지고기, 소고기, 양고기를 굽거나, 볶거나, 삶거나 하면 된다. 특이하게 딱 한 번 햄버거가 저녁 메뉴로 나왔다.

메뉴판도 특이하다. 어느 날은 수기로 손수 써놓은 메뉴판이 나온다. 그리고 어느 날은 점심때 만들었던 메뉴판을 저녁에도 써먹는다. 어떻게 알았냐 하면 점심 Lunch 이라는 글자를 펜으로 쓱쓱 지우고, 그 위에 저녁 Dinner 이라고 다시 써서 줬기 때문이다.

첫날의 저녁 식사를 성공적으로 마치고 잠깐 호텔 야외를 산책했다. 그러나 나는 하늘에 빛나는 별을 보고 깜짝 놀랐다. 하늘에 수많은 별이 자신의 밝기를 자랑이라도 하듯 별빛으로 하늘을 수

놓고 있었다. 이렇게 무수한 빛을 바라볼 수 있는 이유는 투발루의 하늘에는 미세먼지가 없고, 숙소 근처에는 빛 공해가 없기 때문인 듯하다.

"별을 이렇게 많이 본 게 언제지?"

문득 이런 생각이 났다. 밤하늘 구경은 아이들과 종종 했다. 블루문이 뜬다든지, 슈퍼문이 뜬다든지 하면 동네 육교에 올라가거나, 주차장에서 아이들과 달을 구경했다. 그런데 막상 별은 잘 기억이 안 났다. 북극성이나 북두칠성 정도만 하늘에서 본 것 같다.

한국에도 분명히 별이 있을 텐데 우린 별을 잊고 산 것 같다. 미세먼지 때문일 수도 있고, 빛 공해 때문일 수도 있다. 아니면 삶이 바빠서일 수도 있다. 어렸을 적 《어린 왕자》를 읽으면서, 별세계 여행을 꿈꿨을 터이다. 그리고 〈스타워즈〉나 〈이티〉를 보면서 지구 밖 저 먼 곳에 있는 무언가를 상상했을 터이다. 그런데 나이가 들고 나니 하늘보다는 땅만 보고 산 것 같기도 하다.

한참 별을 보며 "우와~"를 연발했다. 그동안 자의든 타의든 놓치고 살던 별들이었다. 아직 세상에 모르는 것투성이지만, 별자리도 잘 모르는 것 중 하나다. 투발루의 하늘에는 우리에게 익숙한 북두칠성 같은 별자리는 전혀 보이지 않는다. 왜냐하면 투발루는 적도 아래 남반구에 있어, 우리가 사는 북반구와는 별자리가 다르기 때문이다. 북반구에 북두칠성이 있다면 남반구에는 남십자

자리Crux가 있다. 아쉽게도 북반구에서는 볼 수 없는 별이다.

북반구의 사람들이 북극성을 보면서 방향을 찾듯이, 남반구의 사람들은 남십자자리를 이용해 방향을 찾는다. 아마도 폴리네시아인 조상들은 그 당시에는 '명명되지 않은' 남십자자리를 보면서, 미지의 섬으로 탐험을 떠났을 것이다. 망망대해에서 한밤에 유일하게 의지할 수 있는 것이 별이기 때문이다. 아마도 선조들을 통해 입에서 입으로 전해진 '별자리 항해법'이 그들의 항해를 도왔을 것이다.

남반구 투발루에서 12,000km나 떨어진 북반구에서 온 나의 하루는 이렇게 저문다. 아침부터 작열하는 태양으로 하루를 시작해, 노을을 보고 별을 봤다. 그리고 투발루에서 본 풍광을 기억에 새긴다. 해수면 상승으로 투발루의 영토가 사라진다면 이 경험을 다시는 할 수 없기 때문이다.

투발루에서 보이는 남반구 별자리 우표
ⓒ 투발루 우체국

남태평양의 꽃과 나무

"아주 많지만 버릴 게 없다네 쓸모 많은 코코넛
실 뽑아서 그물 짜고 열매 안의 물 마셔
나뭇잎을 피운다 좋은 나무 코코넛"

〈모아나〉 OST, '바로 여기야(Where You Are)', 2016 -

여느 열대지방처럼 투발루에서도 열대지방의 나무가 자란다. 산호초의 석회암 기반의 토양이고, 비가 많아 그나마 있는 영양분도 빗물에 씻겨 내려가는 혹독한 환경이다. 그럼에도 척박한 땅에 뿌리를 내린 나무들이 있다.

가장 흔히 볼 수 있는 판다누스나무Pandanus Tree는 투발루어로 팔라Fala라 부른다. 이 나무는 위로 길고 곧게 뻗어 있으면서, 잎은 얇고 긴 창처럼 생겼다. 이 나무의 특이한 점은 뿌리가 지상 위로 드러나 있다는 것이다. 최소 10개 이상의 뿌리가 지상에서 올라와 삼각대처럼 줄기를 잡아준다. 강한 바람에도 줄기가 부러지거나 뿌리가 뽑히지 않게 진화한 결과라고 생각된다. 그리고 판다누스나무는 소금기 있는 땅도 좋아한다고 한다.

화가 폴 고갱Paul Gauguin은 1891년 4월 그의 나이 43세에 남태평양의 작은 섬 타히티Tahiti로 떠난다. 유럽 문명이 닿지 않은 원시 상태의 장소를 찾던 그였다. 프랑스 출신 고갱은 당시 프랑스령이었던 타히티를 그런 원시의 장소로 생각했던 것 같다. 그러나 막상 타히티에 도착하니 타히티는 고갱이 그리던 이상향과 너무 달랐다. 이유는 이미 타히티는 유럽인들의 잦은 왕래로 원시의 장소가 아닌 근대화, 유럽식으로의 전환이 상당히 진행되고 있었기 때문이다.

1891년에서 1893년까지 2년여 동안 고갱은 타히티에 머물면서 타히티를 그림으로 남긴다. 그 당시 남긴 작품 중 하나가 '판다누스나무 아래에서'다. '판다누스나무 아래에서' 그림을 보면 가운데 두 여자가 태평양을 배경으로 서 있다. 그리고 바다와 그녀들 사이에 뿌리가 길게 지상으로 나와 있고, 잎이 손가락처럼 긴 나무가 보인다. 바로 이 나무가 판다누스나무다.

판다누스 열매는 어찌 보면 두리안처럼 생겼는데, 잘 익으면 잣나무 열매처럼 조각조각씩 뜯어진다. 투발루 사람들은 이 열매를 말려 전통적인 목걸이를 만든다. 일주일에 네 번 비행기 이착륙 시간에 공항 앞에서 전통 수제품 노점상이 열리는데, 이때 판다누스 열매로 만든 목걸이를 살 수 있다. 그리고 판다누스나무 잎으로는 전통 치마를 만든다. 판다누스잎을 말린 후 겹쳐서 연한 갈색의 치마를 만들거나, 말린 잎과 바로 딴 잎을 섞어서 녹색과 갈색이 섞인 두 가지 색의 치마를 만든다. 판다누스나무는 투발루인의 전통에서 없어서는 안 되는 나무다.

° 고갱의 '판다누스나무 아래에서'
ⓒ 달라스 미술관

다음으로 흔한 나무는 코코넛나무 Coconut Tree로 투발루어로 니우 Niu라 부른다. 코코넛나무는 우리에게도 익숙한 나무다. 코코넛나무 하면 떠오르는 이미지가 있다. 뜨거운 태양 아래 에메랄드 빛 바다와 모래사장, 그리고 해변가에 우뚝 서서 뾰족한 나뭇잎을 사방으로 뻗은 코코넛 모습이다. 코코넛나무의 생태적 특성을 대변하는 이미지다.

코코넛나무는 햇빛에 오래 노출되어야 잘 자라는 나무로, 열대지역 곳곳에서 볼 수 있다. 그리고 염분에도 강하여 바닷가에서도 잘 자라나, 삼투압 작용으로 빠져나가는 수분을 보충해야 하는지라 강수량이 많은 지역에서 자란다. 그러다 보니 코코넛나무는 열대지방인 동남아시아와 폴리네시아를 포함하여 위도가 남위 30도에서 북위 30도까지 두루 자란다.

코코넛나무는 폴리네시아인에게 음식, 음료, 그리고 그늘을 제공하는 것 이외에도 '생명의 나무 Tree of Life'라고 불릴 정도로 많은 가치를 제공해 준다. 애니메이션 〈모아나〉에서도 코코넛나무를 '아주 많지만 버릴 게 없'는 나무로 묘사하고 있다. 코코넛나무는 투발루를 포함하여 폴리네시아 지역에 아주 흔하게 자라는 나무이면서도, 폴리네시아 주민들에게는 아주 많은 쓸모를 제공하는 나무다.

나무줄기는 축제의 흥을 돋우기 위한 북을 만들 때 쓰인다. 코코넛나무의 속을 비워 울림통을 만들고, 막대로 소리를 낸다. 코코넛나무가 폴리네시아 지역에 흔한 나무이기에 폴리네시아 국가들에서는 유사한 형태의 악기를 가지고 있다. 그리고 코코넛나무로 음식 그릇이나 작은 카누를 만들기도 한다.

나뭇잎도 요긴하게 쓰인다. 코코넛나무잎은 길이가 길어 언뜻 보면 실과 같다. 폴리네시아 주민들은 코코넛나무잎을 세로의 날

실과 가로의 씨실로 삼아 위아래로 교차하면서 직조織造한다. 가장 간단한 평직平織 방식으로 코코넛나무잎이 교차하는 조직점이 많아 튼튼하다. 우리나라에서도 삼베나 모시를 만들 때 주로 사용하는 방법이다. 이렇게 만든 코코넛나무잎 직조품을 이용해 바구니, 부채 같은 생활용품도 만들고, 축제 기간에 축제장 기둥이나 연단을 꾸미는 소재로 쓰인다. 코코넛나무잎을 말리면 갈색으로 변한다. 투발루 주민들은 말린 코코넛나무잎을 엮어 전통 치마Titi를 제작한다. 전통 치마는 축제에서 바지나 치마 위에 걸친다. 나뭇잎 가운데의 딱딱한 부분은 모아서 빗자루를 만든다. 이렇게 코코넛나무는 투발루인에게는 없어서는 안 될 정말 요긴하게 쓰이는 소중한 나무다.

° 코코넛나무잎으로 만든 투발루 전통 복장과 코코넛나무잎 바구니
ⓒ Tuvalu TV

정부 청사 뒤편에 가면 아주 커다란 나무가 있다. 이 나무의 이름은 용화수Alexandrian Laurel Balltree, 학명: *Calophyllum inophyllum*로 투발루어로 페타우Fetau라 부른다. 내가 투발루에서 본 가장 큰 나무로 3층짜리 정부 청사의 높이와 비슷하다.

우리나라의 시골 마을 어귀에는 수백 년은 됨직한 우람한 느티나무를 쉽게 볼 수 있다. 느티나무는 한 아름이 훨씬 넘는 굵은 줄기에 가지가 사방으로 쭉쭉 뻗은 아름드리나무다. 그리고 드라마 〈이상한 변호사 우영우〉에서 어느 시골 마을을 통과하는 도로 건설 때문에 팽나무를 두고 소송전이 벌어지는 장면이 나온다. 소위 '우영우 팽나무'로 알려진 이 나무는 천연기념물 제573호로 지정된 나무로 수령이 500년 이상이라고 한다. '우영우 팽나무'는 높이가 16m이고, 줄기의 둘레는 어른 가슴 높이흉고직경에서 6.8m나 되는 큰 나무다.

식물을 분류하는 기준에 따르면 느티나무와 팽나무는 둘 다 장미군Rosids에 속하는 식물이다. 그리고 투발루 정부 청사 뒤에 있는 용화수도 장미군에 속한다. 세 나무는 모두 먼 친척으로 아주 큰 줄기와 가지를 특징으로 한다. 그만큼 큰 가지 밑의 그늘은 나그네에게 시원한 그림자를 내어준다. 나중에 투발루에 가게 된다면 이 나무가 주는 그늘 아래서 잠시 쉬어가도 좋을 것이다.

그 이외에도 투발루를 지나다 보면 많은 나무와 알록달록 꽃잎을 가진 나무를 볼 수 있다. 이름 모를 꽃의 사진은 찍었지만, 인맥의 한계로 많은 나무와 들꽃의 이름을 알아 오지는 못했다. 다행히 투발루 우표를 통해 투발루의 꽃들을 확인할 수 있었다. 대표적인 꽃이 하얀색의 화이트 가드니아White Gardenia다. 꽃잎이 크고 하얀색 장미처럼 생긴 화이트 가드니아의 꽃말은 순수함, 세련됨, 조화로움이다. 그래서 서양에서는 결혼식장을 꾸밀 때 쓰인다. 화이트 가드니아는 투발루 전통춤을 출 때 여성들의 머리치장에 쓰인다.

판다누스 열매나 코코넛 열매는 아주 먼 옛날에 바다에 표류했을 것이다. 그러다 투발루 근처를 흐르는 해류를 따라 뜻밖에 투발루에 상륙해 뿌리를 내렸을 것이다. 마찬가지로 투발루에서 붉은색, 노란색, 하얀색의 화려한 꽃을 피우는 꽃들도 씨앗이 해류에 표류하거나, 이름 모를 새들의 배설물을 통해 이동하여 꽃 피웠을 것이다. 수많은 우연이 쌓여 비로소 만들어진 결과물이다. 그만큼 투발루는 뜻밖의 우연이 만들어 낸 산물인 곳이다.

○ 투발루에서 자라는
　꽃 우표
　ⓒ 투발루 우체국

3. 　　　　　　　북쪽 끝에서
　　　　　　　　　　남쪽 끝까지

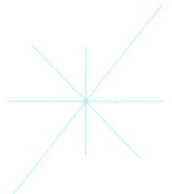

북쪽 끝 도전 1회차: 실패

투발루에서 지내는 일주일 동안 딱 한 번 맞이하는 월요일 계획은, 오토바이를 빌려 푸나푸티 환초의 폰가팔레섬 북쪽 끝으로 떠나는 것이었다. 공항에서 섬의 북쪽 끝까지는 8km, 남쪽 끝으로는 3km밖에 되지 않아 오토바이를 타면 빨리 다녀올 수 있는 곳이다.

폰가팔레섬의 북쪽 끝은 2021년 유엔 기후변화협약 당사국총회 직전에 투발루의 사이먼 코페Simon Kofe 외교부 장관이 국제사회에 기후변화 완화를 위한 노력에 적극적으로 나서길 촉구하며 연설했던 곳이다. 사이먼 코페 장관은 당시 무릎까지 바닷물에 담근 채 연설했다.

° 폰가팔레섬 북쪽 끝에서 연설하는 사이먼 코페 장관
ⓒ Tuvalu TV

"국토가 물에 잠겨도 국가로 인정받을 수 있나요?"

국제사회에서 국가로 인정받으려면 영토, 국민, 주권이라는 3개 요소가 있어야 한다. 그런데 기후변화와 해수면 상승으로 미래에 국토가 해수면 아래로 잠겨 사라질 것으로 예측되는 상황에서 자의가 아닌 타의로 자신의 국토가 사라지는 것을 꼬집어서 이야기한 것이다.

숙소에서 사이먼 코페 장관이 연설했던 북쪽 끝까지의 거리는 8km 정도다. 그런데 나는 기어가 있는 오토바이를 탈 줄 몰라 결과적으로는 오토바이 대여에 실패했다. 이왕 이렇게 된 거 나는 한번 북쪽 끝까지 걸어서 가보기로 했다. 투발루 도착한 뒤 현재까지는 투발루 날씨가 흐려 아직 투발루에 대해 제대로 알지 못한 낯선 여행객의 무모한 도전이었지만 말이다.

오전 9시경 북쪽 끝을 향한 모험을 시작했다. 길은 단순하다. 오로지 북쪽을 향해 걷기만 하면 된다. 가는 방법도 쉽다. 오로지 나의 다리만 믿고 가면 된다. 선크림을 듬뿍 바르고, 물병을 챙겨 여행을 시작했다. 다행히 흐린 날씨 덕에 걷기에 괜찮았다.

나의 걸음 속도로 북쪽을 향해 나아갔다. 오토바이로 가는 것이 아니라, 가는 길에 꼬맹이들과 인사도 하고, 동네 들개들도 슬쩍 피하며 걸어갔다. 북쪽으로 가는 길에 모닝 스타 교회, 나우티초등학교 Nauti Primary School, 사우스퍼시픽대학 USP, University of South Pacific을 지나는 길이다. 그리고 법원과 프린세스 마가렛 병원 Princess Margaret Hospital 앞도 지난다.

프린세스 마가렛 병원은 50병상 규모의 투발루 유일의 병원이다. 투발루 최초의 병원은 1978년에 뉴질랜드의 원조로 38병상 규모로 지어졌다고 한다. 그 후 현재의 새로운 병원은 2003년 일본의 원조로 신축한 건물이다. 참고로 투발루의 의료 체계는 무상교육인 교육 시스템과 마찬가지로 무상의료 시스템을 제공하여 아픈 사람은 무료로 치료받을 수 있다.

프린세스 마가렛 병원을 지나면서부터 섬의 폭이 본격적으로 좁아진다. 1.8km 정도 되는 공항 활주로를 따라 활주로의 남쪽 끝에서 프린세스 마가렛 병원 인근까지는 남북을 잇는 길이 3개가 있다. 그리고 병원 근처를 지나면 길 3개가 1개로 합해진다. 그만큼 섬의 폭이 좁아진 것이다.

여기서부터는 가운데 길을 중심으로 내 왼쪽에는 서해인 환초와 오른쪽에는 동해인 대양을 동시에 보면서 걸을 수 있다. 우리나라의 시각으로서는 상상이 안 되는 지형이다. 우리나라 육지의 서쪽 끝인 정서진에서 육지의 동쪽 끝인 정동진까지의 직선거리가 215km가 된다. 그래서 우주비행사가 아닌 이상 서해와 동해를 한눈에 볼 수는 없다. 그런데 투발루에서는 서해와 동해를 한눈에 볼 수 있다.

1시간 정도 걸었을까? 부슬부슬 비가 내리기 시작한다. 나는 비를 좋아한다. 주차장 차 안에서 천장을 두드리는 빗소리를 듣는 것도, 한여름 무더위를 식혀주는 장대비를 바라보는 것도 좋아한다. 노래도 에픽하이의 '우산'과 김종서의 '겨울비'를 좋아하고, DJ DOC의 '비애비哀'도 좋아한다 DJ DOC의 '비애'는 슬픔과 설움의 悲哀가 아니라, 비와 사랑(愛) 이야기다.

비를 좋아하는 나이기에 '이 정도 비쯤이야.' 하면서 비를 맞으며 그냥 걸었다. 그러다 스콜같이 굵은 빗방울이 쏟아졌다. 다행히도 근처에 마을회관처럼 보이는 건물이 있어 비를 피했다. 50평 정도 됨직한 마을회관이지만, 우리네 마을회관처럼 철근콘크리트 구조에 창문도 있는 건물이 아니다. 얕은 턱만 콘크리트로 되어 있고, 사방이 뚫려 있는 넓은 신식 원두막처럼 생겼다.

혹시 몰라 우산과 우비도 2개나 여행 가방에 넣어 투발루에 왔지만, 막상 북쪽 끝으로 걸어가는 오늘은 우산과 우비 아무것도 챙겨 오지 않았다. 우산과 우비를 가져왔다고 하더라도 이날 내렸던 장대비는 피하는 게 상책이었다. 마을회관 지붕에서 떨어지는 빗줄기를 보며 잠시 멍하니 있었다.

거센 비를 나 혼자 피하는 것은 아니었다. 오토바이를 타고 가던 부부도 오토바이를 마을회관 앞에 주차하고, 마을회관으로 들어왔다. 그리고 동네 지나가던 개들도 하나둘씩 마을회관으로 비를 피해 왔다.

내 주변에서 비를 피하고 있는 남자분에게 넌지시 물었다.

"여기에 머물러도 되나요?"
"그럼요."
"그런데 여기는 뭐 하는 곳인가요?"
"마을회관이에요."

푸나푸티는 투발루의 수도라 다른 섬의 사람들이 섬 대항 체육대회나 축제를 위해 푸나푸티에 방문하곤 한다. 그때마다 그들이 머무르는 숙소가 필요하다. 여행자들이 머무르는 호텔은 비용도 비싸고, 방도 많지 않다. 그래서 푸나푸티에는 다른 섬의 마을회관이 곳곳에 있다. 내가 비를 피해 잠시나마 쉰 마을회관은 푸나푸티 환초의 북동쪽에 있는 바이투푸Vaitupu 환초의 마을회관이었다.

남태평양의 장대비는 단순히 수직으로 내리지 않는다. 오늘은 강한 바람까지 불어 장대비가 대각선으로 대지를 두드렸다. 그래서 사방이 뻥 뚫린 마을회관의 동쪽에 비가 들이쳤다. 20분 정도

° 비 온 뒤의 마을회관
언제 비가 왔냐는 듯 그림 같은 구름이 펼쳐진다.

비가 내렸을까? 언제 비가 왔는가 싶을 정도로 갑작스럽게 비가 멈췄다. 그리고 다시 뜨거운 태양이 내리쬐기 시작했다.

투발루에 적응하지 못한 이방인인 나는 언제 다시 비가 내릴지 몰랐다. 북쪽 끝으로 가는 동안에 다시 비가 쏟아지면 낭패였다. 가방에는 한국에서 가져온 우산이나 우비 대신 드론이 들어 있었다. 우선 오늘은 여기서 철수하고 주중에 다시 한번 도전하기로 했다.

뚜벅뚜벅 다시 남쪽을 향해 걸어갔다. 걷는 길에 다시 추적추적 비가 내린다. 왜 사서 고생하는가라는 생각이 들기는 했지만 이미 엎질러진 물이다. 숙소까지는 어쨌든 걸어가야 했다. 혹시나 비 맞고 가는 불쌍한 외국인을 차에 태워주지 않을까. 종종 뒤를 바라보며 걸어갔다. 히치하이크 푯말을 들고 싶었지만, 상황이 여의치 않아 자동차 소리가 들릴 때마다 뒤를 계속 돌아보았다. 10

분쯤 걸었을까? SUV 차량 한 대가 천천히 내 옆에 선다.

"안녕하세요. 어디까지 가세요?"
"푸나푸티 라군 호텔까지 가요."
"그래요? 저도 그쪽으로 가는 길인데 태워드릴까요?"
"네. 감사합니다."

나에게 말을 거는 낯선 이가 누군지도 모른 채 나는 낯선 이의 호의를 받아들였다. 그 이유는 투발루는 섬이 좁아서 부처님 손바닥과 같다. 아무리 나를 차에 태워 멀리 가더라도 섬 밖으로는 나갈 수 없기 때문이다. 그리고 외면적으로는 SUV 차량도 새 차에 가까웠고, 낯선 운전자의 복장도 깔끔했기에 믿을 만한 사람 같아 그의 제안을 기꺼이 따랐다.

그의 이름은 레타시 Letasi 로 투발루 정부의 재무부에서 일한다고 했다. 섬 북쪽에 출장을 갔다가 지금은 내가 머물고 있는 푸나푸티 라군 호텔 옆에 있는 정부 청사에 가는 길이라고 했다. 그는 한국에도 와본 경험이 있다고 했다. 2023년 5월에 부산에서 해양 분야 기후변화 문제에 대한 국제 협력과 연대를 논의하기 위해 태평양 지역 도서국 정상들의 '리더스 서밋 Leaders Summit'이 열렸다. 이 행사에 투발루의 카우세아 나타노 Kausea Natano 총리도 우리나라를 방문했는데, 그때 투발루 사절단 일행으로 부산을 방문했다고 한다. 한국을 방문했던 투발루인과 투발루를 찾은 한국인이 이렇게 뜻밖의 만남을 가졌다. 투발루는 이렇게 우연의 연속이었다.

숙소에서 북쪽 끝을 향해 걸어갔던 길은 1시간이 넘었으나, 차로는 5분도 걸리지 않았다. 레타시는 나를 친절하게도 숙소 문 앞까지 데려다주었다. 그는 내가 누구인지 모름에도 비 맞고 가는 외국인을 순수한 마음에서 자기 차에 태워줬다. 나 역시 흔쾌히 그 제안을 받아들인 덕분에 편하게 숙소로 올 수 있었다.

북쪽 끝 도전 2회차: 성공

숙소에 도착해 잠깐 개인 정비 시간을 가진 뒤 호텔 프런트에 갔다. 북쪽 끝으로 나를 안내해 줄 사람을 알아보기 위해서다.

"제가 오토바이를 못 타서 그러는데요. 혹시 북쪽 끝으로 안내해 줄 사람을 알아봐 주실 수 있으신가요?"
"그럼요. 언제를 원하시나요?"
"아무 때나 괜찮습니다."
"그럼. 금요일 오전 10시쯤 어떠신가요?" 그녀가 물었다.
"네. 괜찮습니다." 나는 바로 대답했다.

북쪽 끝으로 안내를 해줄 사람을 알아본 날이었는지, 그다음 날이었는지 기억이 가물가물한데, 난 다시 그 직원에게 물어보았다.

"혹시 어떤 사람이 데려다주는 건가요?"
"제가 직접 당신을 오토바이에 태워서 데려다줄 거예요."
"금요일이면 일하는 날 아니세요?"
"그날 휴일이에요. 아침에 일 좀 보고 같이 가시죠."

그녀의 이름은 하마로 내가 머물고 있는 푸나푸티 라군 호텔의 직원이다. 내가 투발루에 도착해 체크인할 때 도와줬던 직원이기도 하다.

그녀는 자신의 휴일에 외국인의 가이드 혹은 운전사가 되어 나를 북쪽 끝으로 데려다준다는 것이다. 지금 와서 생각해도 호텔 직원으로서 굳이 하지 않아도 되는 일인데도, 기꺼이 안내해 준 하마가 고맙다.

약속된 금요일 오전 10시. 나는 약속된 시간에 호텔 로비에서 그녀를 기다렸다. 이윽고 시간 맞춰 그녀가 나타났다. 그녀는 호텔 직원들과 내가 알아듣지 못하는 투발루 말로 이야기했다. 아무래도 "휴일인데 왜 왔어?", "저 사람을 북쪽 끝으로 안내해 주기로 했어." 이런 말을 하지 않았을까 싶다. 나라도 동료가 휴가 날 사무실에 나오면 이것저것 물었을 것 같다.

그녀와 다른 호텔 직원의 안내를 받으며 호텔 앞에 주차된 오토바이에 올라탔다. 난 참 오토바이에 대해서 몰랐던 것 같다. 나름 뒷좌석에 사뿐히 올라타 오른쪽 발을 머플러에 올렸다 이것도 한국에 와서 용어를 찾아봤다. 오토바이 뒤에 서서 나를 바라보던 다른 호텔 직원이 다가와 머플러에 발을 올리는 게 아니라고 했다. 투발루에서 내가 오토바이 경험을 할 때마다 최소한 두 사람이 나를 돕는 것 같다. 오토바이 빌릴 때 파란색 남방 아저씨가 나서서 오토바이 사용법을 알려줬던 것처럼 말이다.

아무튼 우여곡절 끝에 북쪽 끝으로의 여행이 시작됐다. 며칠 전 내가 지나갔던 경로를 따라 북쪽으로 간다. 모닝 스타 교회와 프린세스 마가렛 병원을 지나 며칠 전 비를 피했던 마을회관도 지난다. 마을회관을 지나면 동해안 쪽에 공동묘지가 보인다. 묘지는 저마다 다른 모양을 하고 있었다. 우리네 공동묘지처럼 꽃이 놓이고 깨끗이 관리된 묘지도 있지만, 오랫동안 가족이 찾지 않아 황폐해진 묘지도 보였다. 시간이 지나면 기억에서 점점 잊히는 것이 당연하겠지만, 망망대해가 보이는 바닷가의 황폐해진 묘지는 더욱 쓸쓸하게 보였다.

이윽고 정박한 선박이 분주히 컨테이너 상자를 내리는 투발루 항구까지 온다. 며칠 전 내가 비 때문에 북쪽 끝으로의 도보여행을 포기했던 곳이다. 그리고 이 섬에서 유일한 페츄발루고등학교를 지나 포장도로의 끝에 당도한다. 북쪽 끝으로 가기 위해서는 아직 비포장도로를 타고 5분 정도 가야 하지만, 포장도로의 끝에 잠시 멈췄다.

° "집과 같이 하라.
  투발루를 잘 유지하기 위해 도와주고 돌보자."

이곳은 투발루 푸나푸티 환초의 매립지다. 투발루 주민들은 집 앞 도로나 공공 쓰레기통에 쓰레기를 버린다. 그러면 투발루의 폐기물 수거 트랙터가 섬을 4개 구역으로 나누어 요일별로 돌면서 쓰레기를 수거해 여기에 버린다.

매립지는 크게 위생 매립지와 비위생 매립지로 구분한다. 위생 매립지는 매립지 바닥을 콘크리트로 차단해 침출수를 모으고, 폐기물이 썩으며 발생하는 메탄가스를 포집해 사용한다. 수도권에서 발생하는 폐기물을 매립하는 인천광역시의 수도권매립지가 대표적인 위생 매립지다.

그런데 투발루는 노천 비위생 매립지다. 트랙터에 싣고 온 쓰레기는 고철과 같이 타지 않는 것과 타는 것으로만 분리한다. 그리고 그냥 노천에 쌓아둔다. 비위생 매립지이기에 쓰레기가 썩은 침출수는 빗물을 타고 해양으로 바로 흘러가거나, 아니면 지하로 바로 스며들 것이다. 폐기물이 소중한 바다를 서서히 오염시킨다. 한편에서는 쓰레기가 타고 있다. 하루에도 여러 번 비가 내리는 상황에서 쓰레기가 타고 있다는 것은 누군가가 일부러 불을 붙인 거라 생각된다. 쓰레기가 타면서 대기 중으로 대기오염물질과 함께 온실가스를 배출한다.

  인천에 있는 수도권매립지는 1992년에 만들어진 후로 30년이 넘는 기간 동안 수도권에서 발생하는 폐기물을 하루에 1만 톤 이상 받고 있다. 대규모의 폐기물을 오랫동안 관리하다 보니 아이러니하게도 우리나라의 폐기물 처리 기술력은 상당히 높다고 한다. 그래서 그 기술력을 바탕으로 남미나 동남아시아의 최빈국에 매립지를 관리하는 기술을 제공하고 있다.

  투발루는 이미 많은 분야에서 외국으로부터 에너지, 보건, 의료 등 다양한 분야에서 국제원조를 받고 있다. 우리나라도 ODA 사업을 통해 매년 투발루에 약 3억 원을 지원하고 있다. 우리나라도 ODA를 통한 자금 지원뿐 아니라 투발루에 우리나라의 폐기물 관리 기술을 제공해 주는 것은 어떨지 생각해 본다.

  남태평양의 푸른 하늘과 바람에도 우뚝 서 있는 야자수의 모습과 그 옆에 산처럼 쌓인 쓰레기의 모습이 극명한 대조를 이루었다. 하나는 자연이 만든 경관이고, 하나는 인간이 만든 오염 물질이다. 한참 동안 매립장을 둘러보고 다시 나의 목적지인 북쪽 끝을 향해 나아간다.

○ 북쪽 끝으로 가는 길에 마주친 쓰레기 매립장

○ 분주히 쓰레기를 나르는 쓰레기 수거 트랙터

잠시 후 북쪽 끝으로 가는 비포장도로의 끝에 당도한다. 우리는 오토바이에서 내렸다.

○ 북쪽 끝으로 가는 도로의 끝을 알리는 표지

"개 조심!!! 길의 끝. 사적 거주지"

길 끝에는 흰색 나무판자에 붉은색 매직으로 경고성 안내 글귀가 쓰여 있다. 만약 내가 여기에 혼자 왔으면 "개 조심!!!"이라는 문구를 보고 발길을 돌렸을 것이다. 한국에서도 어느 집 앞에 개 조심이라고 쓰여 있으면 굳이 무리해서 구경하지 않는 것처럼 말이다. 그런데 나를 안내해 주는 하마는 아무렇지 않게 '사적 거주지'의 경계를 넘어간다. 나도 따라갈 수밖에!

5분 정도 걸으니 내가 그토록 오고 싶었던, 사이먼 코페 장관이 연설했던 북쪽 끝이 보였다. 에메랄드빛 투명한 바다와 눈부시게 파란 하늘이 한눈에 들어왔다. 잠깐 사진 촬영을 하고, 가지고 간 드론으로 북쪽 끝의 하늘을 영상으로 담았다. 하늘에서 보는 투발루의 하늘과 바다는 무척이나 이뻤다.

내가 투발루 여행을 준비하면서 철저히 준비한다고 했는데 예상하지 못한 것이 두 가지 있다. 하나는 예상하듯이 '투발루에는 기어가 있는 오토바이만 있다.'는 것이었다. 두 번째는 바로 '투발루는 좁은 섬에 공항이 있어 온통 드론 비행금지 구역이다.'라는 것이다.

한국에서 큰아이 친구의 아버지께 드론도 배우고, 그 드론을 빌려왔다. 투발루의 하늘을 영상으로 남기고 싶어서였다. 그런데 남북으로 이어진 활주로를 중심으로 동쪽과 서쪽은 모두 드론 비행금지 구역이었다. 드론을 날리려면 지금과 같이 북쪽 끝으로 오거나 남쪽 끝으로 가야만 했다. 예상하지 못한 일이었다. 파레파 투섬으로 스노클링 갈 때 드론을 챙겼더라면 더 많은 영상을 남겼을 텐데 말이다.

이렇게 우여곡절 끝에, 두 번의 도전 끝에 폰가팔레섬의 북쪽 끝에 도착했다. 이곳은 폰가팔레섬의 동해안과 서해안이 만나는 지점이며, 해수면 상승으로 점차 사라지고 있는 곳이다. 지금 내가 딛고 있는 이 땅도 머지않아 바닷속으로 사라질 운명이다. 나는 바다를 바라보며 깊은 슬픔에 잠겼다.

◦ 폰가팔레섬의 북쪽 끝
이 자리에서 사이먼 코페 장관이 연설을 했다.

남쪽 끝은 죽은 산호초의 몽돌해변

 수요일 아침 8시 38분. 기온 31℃, 체감온도 40℃, 습도 84%. 아주 일상적인 아침 온도다. 투발루에 도착한 지 4일째 되는 날이라 그런지, 이제 조금은 투발루의 온도와 습도에 적응이 되어가는 것 같다. 어찌 보면 적응보다는 포기에 가깝다고 말할 수도 있다.
 너무 이른 아침은 아니지만, 오늘은 폰가팔레섬의 남쪽 끝으로 걸어서 가볼 계획이다. 공항에서 섬의 남쪽 끝까지는 3km 정도로 걸으면 40분 정도 걸리는 거리다. 오토바이를 빌리지 못하는 뚜벅이 여행자이지만 40분 정도면 그다지 먼 거리는 아니다.
 거리는 두렵지 않은데, 항상 무더운 날씨와 적도의 뜨거운 자외선이 나를 두렵게 했다. 최대한 가볍게 짐을 챙기고, 외부로 노출된 피부 구석구석에 겹겹이 선크림을 바른다. 막상 걷다 보면 땀이 비 오듯 쏟아져 선크림이 씻겨 내려갈 테지만 말이다.

남쪽 끝으로 가는 길도 쉽다. 오로지 남쪽을 향해서만 가면 된다. 가는 방법도 쉽다. 오로지 나의 다리만 믿고 가면 된다. 남쪽 끝으로 가는 길은 북쪽 끝으로 가는 길과 달리 활주로 끝에서 바로 외길이 나타난다. 이제부터는 이 외길만 바라보고 남쪽으로 걸으면 된다.

남쪽 끝으로 가는 길은 북쪽 끝으로 가는 길과 느낌이 다르다. 북쪽 끝으로 가는 길에는 대형 교회, 법원, 병원, 항구, 고등학교, 매립장 등 여러 가지 시설이 있다. 그런데 남쪽 끝으로 가는 길에는 듬성듬성 민가만 있을 뿐이다.

남쪽 끝으로 가는 길은 한적한 시골 마을의 풍경과 닮아 있다. 어느 나이 든 아저씨가 집 앞 평상에 앉아 있다. 아저씨는 아마도 코코넛잎인 듯한 나뭇잎으로 바구니를 만들고 있다. 한땀 한땀 코코넛잎을 얼기설기 꿰어 바구니를 만든다. 조금 더 걸으니 어느 할머니가 집 앞 평상에 앉아 치마를 만들고 있었다. 치마의 재료는 아마도 판다누스나무잎인 듯하다. 말려서 갈색이 된 판다누스나무잎을 한 장, 한 장 여미어 고운 전통 치마를 만들고 계신다. 이렇게 남쪽 끝으로 가는 길은 평화로운 시골 아침의 조용한 일상과 같다. 종종 아이들의 울음소리가 고요한 적막을 깨고 들릴 뿐이다.

유튜버 '여행가 제이'는 2023년 10월쯤에 투발루 여행기 두 편을 올렸다. 나도 투발루에 오기 전에 그 영상을 보고 또 봤다. 아무래도 글이나 사진으로 보는 투발루의 모습과 영상으로 보는 투발루의 모습은 다르기 때문이다.

여행가 제이는 투발루에 3일간 머무르며 내가 갔던 북쪽 끝과 남쪽 끝을 모두 '오토바이를 타고' 다녀왔다. 정확히 말하면 북쪽 끝은 동네 들개 때문에 끝 근처에서 실패하기는 했다. 아무튼 여행가 제이는 남쪽 끝으로 가는 길에 아이들과 나무에 타이어를 걸어 만든 그네를 타고 놀았다. 나도 여행가 제이처럼 아이들과 놀 수 있을 거란 부푼 상상을 하며 남쪽 끝으로 갔다. 나의 상상은 실패했다. 여행가 제이가 남쪽 끝으로 갔던 날은 일요일이라 아이들이 학교에 안 가고 동네에서 놀고 있던 것이고, 내가 갔던 날은 평일이라 아이들이 '의무적으로' 학교에 가 있던 것이다. 요일 선택에 따라 같은 남쪽 끝으로 갔던 여행을 다르게 만들었다.

○ 폰가팔레섬의 남쪽 끝
　왼쪽이 환초의 바깥쪽인 동해, 오른쪽이 환초의 안쪽인 서해

숙소에서 30분 정도 걸려 포장도로 끝에 도착했다. 민가도 이제 없다. 조금만 걸어가면 남쪽 끝이다. 판다누스나무와 코코넛나무가 뒤섞여 있는 숲길을 잠시 걷는다. 여기서부터 폰가팔레섬의 동해안과 서해안을 한눈에 볼 수가 있다. 인가가 끝난 곳이라 섬에 부딪히는 파도 소리와 어디에선가 불어오는 바람 소리, 그리고 내 발소리밖에 안 들린다. 고요함 그 자체다.

숲이 끝나고 몽돌 해안이 보인다. 우리나라에도 몽돌해변이 많이 있다. 여수나 울산, 제주도서 몽돌해변을 볼 수 있다. 폰가팔레섬도 몽돌 해안이다. 그러나 자세히 보면 돌이 아니다.

아주 먼 옛날 해양 화산이 폭발한 뒤 그 뒤로 산호초가 자랐다. 그리고 화산섬이 침강하고 나면 그 뒤로 섬을 둘러쌌던 환초 군락만 남게 된다. 그리고 더 시간이 지나 어떠한 이유에서인지 산호가 죽고 산호초는 파도를 맞으며 산산이 부서진다. 산호초의 몸은 석회석^{탄산칼슘}으로 이루어져 있기에 부서진 산호는 석회석처럼 보인다. 그리고 파도에 의해 서로 맞닿아 닳고 닳아진 죽은 산호초 조각은 결국엔 몽돌의 형태를 띤다. 상상할 수 없는 시간이 만든 결과물이다.

섬의 남쪽 끝 바다에서 볼 수 있는 몽돌은 과거에 죽은 산호초가 현재에 남아 있는 흔적이다. 남태평양에서 흔히 볼 수 있는 환초의 기반은 바로 죽은 산호초의 흔적이다. 죽은 산호초의 무더기 위에 어디에선가 해류를 타고 흘러온 코코넛나무나 판다누스나무의 씨앗이 우연히 뿌리를 내렸을 것이다. 그리고 이들이 살고 죽고를 반복하면서 유기물이 쌓여 지금의 투발루 땅을 이룬 것이다. 2000년 전 폴리네시아인 조상들이 투발루에 당도했을 때는 그나마 지금보다 해수면이 낮아 더 넓은 땅이 존재했을 것이고, '이 정도면 정착해서 살 수 있겠네.'라고 생각했을 것 같다.

산호 몽돌을 밟으며 남쪽 끝을 향해 걸어간다. 오직 이 공간에는 바람 소리와 파도 소리, 내가 걸을 때마다 몽돌이 부딪혀 내는 소리뿐이다. 끝에 도착해 잠시 앉아 멍하니 바다를 본다. 뜨거운 자외선에 아랑곳하지 않았다. 하지만 온몸이 태양에 익어, 이때 너무 오래 앉아 있던 걸 후회했지만 말이다.

맞은편에는 푸나푸티 환초의 작은 섬 중 하나인 파타토Fatato가 보였다. 생각해 보면 투발루의 오래된 조상이 이 땅에 정착했을 당시에 해수면이 낮아 섬과 섬 사이가 모두 붙어 있었을지도 모른다. 그래서 당시에는 지금보다 섬의 면적이 넓었을 것이라 투발루인의 조상들은 이 땅에 정착했을지도 모른다. 혹은 우리나라 서해안의 제부도 바닷길처럼 하루에 두 번 간조 시점에 바닷길이 열려 쉽게 걸어서 넘어갔을지도 모른다. 그러다 이제는 해수면 상승으로 두 섬은 동떨어진 섬이 되었다.

온몸이 땀에 젖고, 선크림은 흘러내렸다. 햇빛에 그을려 코도 빨개졌다. 이날 본격적으로 내 피부가 탄 것 같다. 아내의 피부색은 하얀 편이고, 나는 그에 비하면 어두운 편이다. 아내는 파운데이션 21호를 쓰는데, 내 피부를 굳이 파운데이션 호수로 표현하면 25호나 27호 중간쯤 되는 것 같다. 다행히도 아이들은 엄마를 닮아 하얀 편이다.

가뜩이나 어두운 편인 얼굴이 적도의 뜨거운 태양을 받아 많이 탔다. 다른 날은 오래 걸었어도 별로 타지 않았던 것 같았는데, 이 날은 유독 심하게 탔다. 왜냐하면 다른 날과 달리 이날은 처음이자 마지막으로 브이넥 반팔 티셔츠를 입었는데, 목에 선명하게 브이넥 모양의 탄 자국이 남았기 때문이다.

남태평양에서 탄 자국은 오랫동안 내 몸 곳곳에 흔적으로 남아 있었다. 목에는 브이 형태의 탄 자국이 남았다. 그마저도 브이 자국이 몸의 한가운데 있는 것이 아니고, 왼쪽으로 브이가 치우쳐 있어 균형미적으로 꽝이다. 그리고 팔에는 반팔 티셔츠로 덮였던 부분과 안 덮였던 부분을 명확히 알 수 있는 경계선이 생겼다. 다리도 허벅지부터 양말을 신었던 발목까지 타서 다리에도 아주 짙은 경계선이 생겼다.

"신선놀음에 도낏자루 썩는 줄 모른다."는 말처럼, 남태평양 풍광에 얼굴이 타는 줄도 모르고 한참을 앉아 있었다. 이 순간에는 파도 소리와 바람 소리밖에 들리지 않는다. 내 인생에 언제 여기를 다시 와볼 수 있을까 생각했다. 아니, 다시 오더라도 해수면 상승으로 내가 앉았던 곳은 수면 아래에 있을 것이다. 언젠가 바닷물에 잠겨 사라질 땅을 뒤로한 채 나는 다시 숙소로 발길을 돌렸다.

4. 기후위기의 최전선에서

어디에도 피할 곳이 없다

> "해수면은 육지의 바로 아래에 있었습니다."
>
> - 투발루 기상청 직원 시모에아 티우테(Simoea Tiute) -

제2차 세계대전 당시인 1942년에 투발루에 상륙한 미군은 푸나푸티, 나누메아, 누쿠페타우에 비행장을 건설했다. 푸나푸티 환초의 비행장은 폰가팔레섬 중앙에 있다. 원래 이 지역은 타푸아Tafua라는 연못이었으나, 1942년 미군이 연못을 매립해 비행장을 건설했다. 그 결과 섬의 단면은 비행장을 중심으로 분지형 구조가 되었다. 이에 따라 섬에 비가 많이 내리면 빗물이 분지 안쪽으로 모인다.

어느 날, 밤사이 많은 비가 쏟아졌다. 숙소 창문이 흔들리고, 거센 바람 소리가 들렸다. 방 안에서도 호텔 마당의 나무들이 바람에 휘청이는 모습이 보일 정도였다. 다음 날 아침엔 언제 비바람이 불었냐는 듯 햇빛이 내리쬐었다. 이미 기온이 30℃에 달했다.

어김없이 조식을 먹고, 난 동네 산책을 나섰다. 밤사이 내린 비로 섬 중앙 활주로에는 물웅덩이가 곳곳에 생겼다. 이는 활주로의 해발고도가 상대적으로 낮은 지형적 특성에 따른 결과다. 그리고 주민들이 사는 주택 앞에 물웅덩이가 많이 생겼다. 물웅덩이 때문에 집에서 밖으로 나오지 못할 정도였다. 그러나 주민들은 익숙한 듯했다. 아이들은 첨벙첨벙하며 물웅덩이를 헤집고 도로로 나오고, 어른들은 물웅덩이를 밟으며 오토바이를 끌고 도로로 나온다.

활주로 옆 공터의 물웅덩이에서 노는 아이들과 들개
저 멀리 미리 만들어 놓은 물탱크와 배구하는 아이들이 보인다.

3장. 바다와 섬, 그리고 기후변화의 그림자

내리는 빗물뿐 아니라 조수潮水의 차이, 특히나 밀물로 인한 피해도 심각하다. 매년 11월부터 다음 해 2월까지는 조수간만의 차이로 발생하는 파도인 '킹 타이드King Tide'의 피해가 크다. 이 시기는 해수면의 높이가 3m 이상 상승하여 높은 파도가 해안가를 넘어 집안까지 바닷물이 들어오기도 한다. 평균 해발고도가 2m밖에 되지 않는 나라에서 3m 높이의 킹 타이드는 위협을 넘어 생사의 문제다.

킹 타이드는 투발루를 아수라장으로 만든다. 조류를 따라 쓰레기가 떠밀려와 마을을 더럽히고, 해안가의 야자수는 뿌리가 드러난 채 쓰러진다. 제방은 유실되고, 도로는 침수되고, 전기도 끊기기도 한다. 매년 발생하는 킹 타이드는 토양의 염분을 높여 제대로 된 농사는 꿈도 꿀 수 없다. 심각한 문제는 이러한 피해가 미래에는 더욱 심해질 것이다. 해수면 상승으로 점차 해안가와 주택가가 가까워지는 상황에서 킹 타이드는 이제 집 바로 옆에서 발생하는 꼴이다.

투발루의 해수면은 현재 매년 5mm씩 오르고 있다. 이미 30년 전에 비해서 해수면이 15cm 높아졌다. 이 정도 속도라면 2100년이면 투발루 대부분의 섬이 해수면 아래로 잠길 것이다.

해수면 상승은 침수를 넘어, 섬을 집어삼키고 있다. 푸나푸티 환초의 서쪽 푸나푸티 보전 지역에는 테푸카 빌리빌리Tepuka Vili Vili 또는 테푸카 사빌리빌리Tepuka Savilivili라는 작은 산호섬의 무리가 있다. 아니 있었다. 약 30년 전인 1990년에는 테푸카 빌리빌리는 테니스 코트 크기의 섬에 모래와 코코넛나무도 있었지만, 해수면이 점차 상승해서 이제 섬의 윗부분만 애처롭게 해수면 위로 드러나 있다. 어떤 작은 섬은 이미 해수면 아래로 잠겨 이름만 남아 있다. 그래서 난 "무리가 있다. 아니 있었다."라고 표현한 것이다.

해수면 상승 문제는 투발루의 사회문제로 연결된다. 바로 기후난민Climate Refugees 문제다. 기후난민이란 지구온난화 등 기후변화로 자신의 삶의 터전을 떠나야 하는 사람을 의미한다. 국제 NGO인 자국내난민감시센터IDMC, Internal Displacement Monitorning Centre의 《2024년 자국 내 이동 글로벌 보고서》에 따르면 전 세계에 기후난민이 2,640만 명 정도라고 한다. 우리나라 인구가 5,100만 명 정도이니, 우리나라 인구의 절반 정도의 사람들이 기후난민이다.

푸나푸티 환초만 해도 29개의 작은 산호섬이 모여 이루어진다. 그런데 테푸카 빌리빌리같이 작은 섬이 점차 잠기면, 그 섬에 살던 사람들이 어디론가 이주해야 한다. 자신의 의지와 상관없이 기후변화의 피해로 삶의 터전을 떠나야 한다. 갈 곳을 잃은 투발루의 기후난민은 푸나푸티 환초에서 가장 큰 폰가팔레섬으로 모여들고 있다.

폰가팔레섬 북쪽 끝으로 가다 보면 항구를 지난 뒤에 집들이 듬성듬성 있다. 이 집들은 다른 섬에서 살던 사람들이 이주해 와서 지은 판자촌이다. 푸나푸티 환초 주변의 작은 섬 주민들이 푸나푸티로 이주해 온 결과 푸나푸티 환초의 인구는 2002년에 비해

37%나 늘었다고 한다. 가뜩이나 작은 섬에 밀려드는 주민들로 인한 기반시설, 보건 및 위생, 폐기물 같은 문제가 투발루 정부가 풀어야 하는 새로운 문제로 부각되고 있다.

기후변화 피해의 증거를 해안가에서도 쉽게 찾을 수 있다. 해안가에는 판다누스나무나 코코넛나무를 쉽게 볼 수 있다. 만조 때가 되면 바닷물이 점차 육지로 다가온다. 파도의 물결은 점차 나무의 뿌리 근처에까지 다가온다. 그리고 물결은 들락날락 반복하면서 서서히 나무뿌리에 붙어 있는 토양을 야금야금 바다로 끌고 간다. 모래사장에서 모래 산을 쌓은 뒤 가운데에 막대기를 꽂고, 막대기가 쓰러질 때까지 돌아가며 모래를 가져가는 '모래 빼앗기 놀이'를 해본 적이 있을 것이다. 처음에는 한 움큼씩 모래를 퍼내다가도, 막대기가 쓰러질까 봐 점점 조금씩 가져가게 된다. 바닷물은 모래 빼앗기 놀이에서 막판에 위태롭게 서 있는 나무막대기처럼 해안가에서 서 있는 나무 밑동의 토양을 조금씩 깎아간다.

투발루의 토양은 긴 시간의 축적으로 만들어졌다. 아주 먼 옛날 산호초 섬이 만들어지고, 우연히 바다에 표류하던 코코넛 열매가 산호섬에서 자라기 시작했다. 그리고 코코넛 열매와 나뭇잎이 한 해, 두 해, 세 해…. 유기물이 쌓이고 썩기를 반복해 지금의 토양을 이루었다. 그렇기에 투발루의 토양은 아주 오랫동안 시간이 만든 결과물이다. 그런데 해수면 상승 속도가 너무 빠르다. 토양에 유기물이 축적되는 속도보다, 토양이 침식되는 속도가 훨씬 빠르다.

그 결과 해안가에는 아슬아슬하게 땅을 붙잡고 있는 나무를 쉽

◦ 판다누스나무 뿌리와 바닷물에 점차 침식되는 토양

게 볼 수 있다. 땅에 뿌리를 내리고 살아남기 위해 안간힘을 쓰며 버티고 있는 모습이 안쓰럽기만 하다.

투발루는 지리적 및 지형적 특성상 기후변화의 피해를 피할 수 없는 처지다. 투발루의 다른 섬에서 기후변화의 피해를 피해 기후난민이 되어 푸나푸티로 이주해 올 수는 있으나, 피해 속도를 잠깐 늦췄을 뿐 푸나푸티의 미래도 이미 예정되어 있다. 기후변화에 영향을 아주 적게 준 나라임에도 이들은 기후변화의 영향을 오롯이 받고 있다.

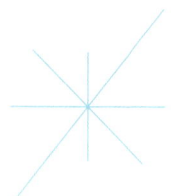

그래도 살아가야 하니깐

내가 머문 푸나푸티 라군 호텔은 매우 독특한 공간이었다. 외관상 2성급 정도로 보이지만, 투발루에서 가장 좋은 호텔이다. 이 때문에 투발루에 사업이나 프로젝트를 위해 온 외국 사람들은 대부분 푸나푸티 라군 호텔에 머문다. 여행 첫날 만나 스노클링을 갔던 세계식량기구 소속의 엘리사도 같은 호텔에 머물렀고, 유엔 산업 개발 기구UNIDO, United Nations Industrial Development Organization 소속의 다스Das도 같은 호텔에 머물렀다. 뒤에도 이야기하겠지만, 투발루에서 우연히 만난 한국 사람도 같은 호텔에 머물렀다.

저녁 시간이 되면 호텔 야외 중앙에 있는 식당에 투숙객들이 하나둘씩 모인다. 자리가 많지 않아 자연스레 합석이 이루어지는데,

으레 그러하듯 인사말과 안부 이야기로 대화를 시작한다. 기후변화가 투발루의 하나의 '상징' 같은 곳이기에, 대부분의 외국인 투숙객은 기후변화와 관련된 일로 투발루에 방문한 사람이다.

투발루는 기후변화와 관련된 일을 하는 사람들에게는 할 일이 많은 곳이다. 해수면 상승의 피해를 막기 위한 프로젝트를 하러 온 사람, 바닷물에도 잘 견딜 수 있는 신규 농작물 재배 기술을 연구하러 온 사람, 태양광발전설비 설치를 위해 현장 조사를 온 사람들이 숙소에 몰려 있다. 심지어 기후변화 피해의 현장을 취재하기 위해 온 방송사 사람까지 모여 기후변화와 투발루의 미래에 대해 열렬히 토론한다.

아이러니하게도 투발루는 이 호텔에 머물고 있는 외국인들의 나라에서 배출한 온실가스로 피해를 보고 있다. 대한민국에서 온 나도 기후변화에 영향을 준 국가에서 살기에 투발루에 피해를 준 국가라는 질책에서 자유롭지는 못하다.

투발루는 국제사회와 협력하며 자국을 보호하기 위해 다양한 노력을 기울이고 있다.

우선 새로운 땅을 만들고 있다. 투발루는 해수면 상승으로 침수 문제와 연안 침식 문제가 항상 도사리고 있다. 이를 해결하기 위한 방법은 무엇이 있을까? 우선 해안에 제방을 쌓을 수 있다. 그러나 제방을 쌓기 위해서는 시멘트나 철근을 저 먼 외국에서 수입해야 한다. 더군다나 해안선이 아주 긴 지형이기에 쌓아야 하는 제방의 길이도 상당히 길다. 원자재 비용뿐 아니라, 운송 비용까지 고려한다면 상당히 많은 비용이 드는 방법이다.

또 다른 방법은 해안가를 매립해 주택가와 해안선 간 거리를 확보함으로써 침수와 연안 침식을 방지하는 것이다. 매립에 필요한 모래는 석호 안쪽에서 준설선이 퍼낸다. 멀리서 재료를 수입하지 않아도 된다. 유엔개발계획 UNDP, United Nations Development Programme 은 투발루에서 2017년 8월부터 '투발루 해안 정비 프로젝트 TCAP, Tuvalu Coastal Adaptation Project'를 시행하고 있다. 투발루 정부 청사 근처부터 시작하여 환초 안쪽 석호의 일부를 매립하는 계획이다. 자금은 우리나라 송도에 있는 국제기구인 녹색기후기금 GCF, Green Climate Fund 에서 3,600만 달러를 내고, 투발루 정부에서 290만 달러를 낸다.[21] 이 프로젝트를 통해 새롭게 매립하는 땅은 길이가 약 730m, 폭이 100m 정도 된다. 해수면 상승으로부터 환초도 보호하면서, 주민들의 거주지로 쓸 수 있는 땅을 늘리는 중요한 계획이다.

언론사 프레시안의 이재호 기자는 2023년 5월 투발루에 방문하여 UNDP 프로젝트에 참가하고 있는 담당자들을 만나 인터뷰했다. 프로젝트 담당자들은 UNDP 프로젝트에 대해 이렇게 이야기했다.

> "그곳이 투발루에서 가장 높은 땅, 가장 안전한 곳이 될 것"

해안 정비 사업지의 폭은 100m 정도 된다. 매립 이전에는 주택들이 해안선에 붙어 있었는데, 이제는 해안선이 주택가에서 100m 정도 뒤로 물러나게 됐다. 그리고 사업지의 바닷가 쪽 끝은 해안선에서 높이가 2m나 된다. 해안 정비 사업지 덕분에 해안선의 끝도 멀어졌고, 2m나 되는 세방이 생겨 킹 타이드가 몰려와도 침수 염려는 줄어든 것이다. 해수면 상승이라는 원인을 제거하지는 못하지만 그래도 당분간은 살 수 있는 환경이 됐다.

　대학교 때 〈상계동 올림픽〉이라는 다큐멘터리를 본 적이 있다. 1988년은 서울올림픽이 개최된 해다. 국제적인 올림픽을 우리나라에서 개최하기에 당시의 권위주의적인 정부는 깔끔하고 멋진 모습만 국제사회에 보여주고 싶었나 보다. 그래서 정부는 서울 안의 판잣집과 달동네가 올림픽을 위해 방문하는 외국인들에게

UNDP 주도의 해안선 정비 사업지
아래쪽 끝에 북쪽 선착장과 교회가 보이고,
위쪽 끝에 남쪽 윤슬이 보이는 수영장과 푸나푸티 라군 호텔이 보인다.
ⓒ HALL

미관상 좋지 않다는 이유로, 서울 안의 200곳이 넘는 달동네를 강제로 철거하고, 이주민을 서울 외곽으로 강제 이주시키는 계획을 실행한다. 그 대상 중 하나가 서울특별시 노원구 상계동이었고, 〈상계동 올림픽〉은 자신의 의지와 상관없이 자신의 터전을 잃은 주민들의 강제 이주 상황을 다룬 다큐멘터리다.

  슬프게도 국제대회를 명분으로 한 강제적인 주민의 이주는 우리나라뿐 아니라 다른 나라에서도 발생했다. 2008년 베이징 올림픽을 앞두고 중국 정부는 500년 역사를 담은 후통胡同, 즉 뒷골목을 대대적으로 철거했다. 후통의 재개발로 125만 명의 주민들이 강제로 이주당한다.

  마찬가지로 2012년 런던 올림픽에서도 이스트 런던 재개발로 많은 저소득층 주민이 삶의 터전을 잃었고, 2014년 브라질 월드컵과 2016년 리우데자네이루 올림픽을 위해서 브라질 정부는 파벨라Favela, 즉 빈민가를 재개발하면서 많은 빈민을 강제로 내쫓았다.

  투발루는 기후변화로 해수면 상승 위협은 피할 수 없다. 자신의 의지와 상관없이 기후난민이 되어야 한다. 그래서 투발루 정부는 자국의 국민을 다른 나라로 이주시키려 한다. 2023년 10월 호주와 투발루 정부는 팔레필리Falepili 조약을 체결했다. 팔레필리는 투발루어로 '이웃애, 배려, 상호존중'이라는 뜻을 가진 말이다. 조약의 요지는 매년 280명씩 투발루 국민이 호주에서 일하고 공부할 수 있도록 호주가 투발루 국민에게 특별 비자를 발급해 준다는 것이다.

° UNDP 해안선 정비 사업지 위에서 한 컷
제방 덕분에 그래도 당분간은 살 수 있는 환경이 되었다.

    투발루 인구가 10,099명인 것을 감안할 때 36년이 지나면 투발루의 모든 인구가 호주로 이주하게 된다. 모든 영토가 2100년이면 수몰될 것이라는 전망 아래에서 투발루는 영토가 수몰되기 전에 이미 사람이 없는 무인도가 된다. 버려진 섬이 된다.

    한편으로는 사라질 운명에 처한 국가를 기억하기 위해 '디지털 국가'를 수립하려는 시도도 진행 중이다. 2022년 11월에 투발루의 사이먼 코페 외교부 장관은 이집트 샤름 엘 셰이크Sharm el-Sheikh에 열린 제27차 기후변화협약 당사국총회에서 온라인 연설을 했다. 그는 연설 자리에서 기후변화로 인한 해수면 상승으로부터 투발루의 유산을 보호할 대책 중 하나로 온라인 가상 국가를 제안했다. 그의 생각은 온라인의 메타버스 공간에서 투발루의 역사, 문화와 가치를 그대로 담아낸 디지털 국가를 만들자는 계획이다. 2023년 3월에 한국을 방문한 사이먼 코페 장관은 그 연장선상에서 국내 메타버스 전문기업과 만나 디지털 국가 조성에 관한 논의도 진행했다.

지금으로부터 2,000년 전 투발루인의 조상은 남태평양 망망대해에 외딴섬인 투발루에 터전을 잡고 살기 시작했다. 그리고 투발루는 1978년에서야 독립 국가가 되었다. 조상들이 투발루에 정착한 지 2,000년 만에, 그리고 독립 후 50년도 되지 않은 투발루는 존폐의 기로에 섰다.

자신의 의지와 상관없이 고향을 떠나야만 하는 사람들의 마음은 어떨까? 자연재해가 발생해서 일시적으로 떠난 사람들은 시간이 흘러 자연재해가 복구되면 다시 고향으로 돌아갈 수 있다. 그러나 투발루는 수몰되어 다시 가고 싶어도 갈 수 없는 땅이 되어 버린다. 아이러니하게도 역사적으로 온실가스를 많이 배출한 나라가 투발루를 돕고 있다. 참된 사죄라고 봐야 하나? 그러기에는 아직까지 온실가스 배출에 책임이 있는 선진국의 지원이 너무 부족한 것은 아닐까?

4장.

투발루에서
살아간다는 것

1. 생生과 사死, 그 사이에서

요람에서 어른까지

"모두를 위한 지속가능한 삶을 위한 양질의 교육"

- 투발루 교육부 -

아침이면 동네가 분주해진다. 오토바이 굉음을 내고 출근하는 사람들, 뭐가 좋은지 시끄럽게 떠들며 등교하는 아이들의 모습이 뒤엉켜 있는 여느 시골의 모습이다. 그리고 아이들 등교 시간 이후에 나는 본격적으로 동네 산책을 시작한다.

동네를 다니다 보면 이곳저곳에서 아이들의 울음소리가 들린다. 여성 1명이 평생 낳는 아이의 수를 합계출산율 Total Fertility Rate 이라고 한다. 투발루의 합계출산율이 2.81명 2023년 이며, 우리나라의 합계출산율은 0.72명 2023년이다.[30,31] 투발루 여성 한 명이 평생 낳는 아이의 수는 우리나라보다 약 4배 많다. 투발루는 출산율이 높지만, 유아사망률도 높다. 인구 1,000명당 유아사망률이 투발루는 28.3명이고, 우리나라는 2.8명이다. 높은 유아사망률은 의료 조건이 우리나라보다 좋지 않다는 증거 중 하나다.

학교에 갈 나이가 되지 않은 아이들은 천연덕스럽게 집 앞에서 놀고 있다. 전날 내린 비로 생긴 물웅덩이에 첨벙이며 놀거나, 찌그러진 물탱크를 미끄럼틀 삼아 즐긴다. 낯선 이방인인 나를 보면 신기한지 꼬맹이들이 수줍은 듯이 손을 흔들며 "헬로~"를 외친다. 나 역시 아이를 키우는지라 웃으며 "헬로~"라고 인사를 한다. 그리고 부모가 함께 있는 경우 준비해 간 멘토스를 선물로 주곤 했다.

° 찌그러진 물탱크에서 노는 아이들

° 사랑을 고백하는 낙서 혹은 놀리는 낙서

투발루의 교육은 무상교육이고 의무교육이다. 우리와 비슷하면서도 조금 다르기는 하다. 우리는 초등학교 6년, 중학교 3년까지 의무교육이고, 고등학교부터는 자율적 선택이다. 그리고 초등학교 입학 전에 어린이집이나 유치원을 다닌다. 투발루는 우리로 치면 초등학교Primary School 8년, 중고등학교Secondary School 5년의 교육과정을 거친다. 우리와 마찬가지로 의무교육은 아니지만 초등학교 입학 전에 유치원Pre-School에 다닌다.

학교에 다니는 나이는 우리와 다르다. 우리나라는 한국 나이로 8세에 입학한다. 투발루는 외국 나이로 6세부터 초등학교에 입학해 13세에 졸업하고, 14세부터 18세까지 중고등학교에 다니는 체계다. 유치원은 3세부터 5세까지 다닌다.

푸나푸티 환초에는 초등학교 두 곳이 있다. 가장 큰 학교는 나우티초등학교로 학생 수가 900명, 선생님이 40명 정도 있는 꽤 큰 학교다. 그리고 제칠일안식일예수재림교회 초등학교Seventh Day Adventist Primary School는 117명 정도가 다닌다고 한다. 푸나푸티 환초 이외의 다른 섬을 포함하면 투발루 전체에 10개의 초등학교가 있다.

다만 중고등학교는 투발루 전체를 통틀어 2개밖에 없다. 푸나푸티 환초에는 학생 180명 정도가 다니는 페츄발루고등학교Fetuvalu Secondary School가 있고, 바이투푸 환초에는 학생 320명 정도가 다니는 모투포우아고등학교Motufoua Secondary School가 있다.

푸나푸티 환초에서 초등학교를 나온 학생들은 대부분 페츄발

° 나우티초등학교 전경

루고등학교에 진학한다. 나를 섬의 북쪽 끝으로 안내해 준 숙소의 직원인 하마Hama가 그랬고, 투발루 수산청의 마텔리나Matelina가 그랬다. 두 사람한테만 물어본 것이지만 아마도 많은 수가 같은 진학 경로를 따랐을 것이다. 결국에 푸나푸티 환초에서 나고 자란 사람들은 대부분은 섬에 하나밖에 없는 페츄발루고등학교의 동문이다.

푸나푸티 환초 북쪽에 위치한 6개의 섬과 환초에서 초등학교를 나온 학생들은 모투포우아고등학교에 진학한다. 그래서인지 투발루의 인구가 63%나 사는 푸나푸티 환초의 페츄발루고등학교의 학생 수보다, 모투포우아고등학교의 학생 수가 많다. 그런데 앞서도 말했지만 섬과 섬 간의 거리도 가깝지 않고, 섬을 연결하는 배편도 많지 않다. 그래서 모투포우아고등학교에 진학한 학생들은 학기 중에는 기숙사에서 먹고 자면서 학교에 다니고, 방학 중에만 자신의 고향이자 부모님이 계신 섬으로 간다고 한다. 그래서 투발루 사람들을 모투포우아고등학교를 기숙학교 Boarding School라고 부른다.

투발루의 아이들은 13년간의 정규 교육과정에서 영어, 수학, 화학, 물리, 생물, 농업과학, 역사, 지리, 회계, 경제, 목공, 가정, 컴퓨터 과학 같은 과목을 배운다. 투발루에는 학원이 없어 정규 교육과정이 공부의 전부이기 때문에, 학교에서 이론과 실용 모두를 가르치는 점이 인상적이었다. 생각해 보면, 우리도 정규 교육과정에서 교련과 실과 기술, 가정를 배우기는 했다. 특히나 학교에서는 아이들이 미래를 대비하고 준비할 수 있도록 기후변화의 심각성과 위기 대응에 대해 가르친다고 한다.

투발루 경찰은 낮 동안 동네를 순찰하며 치안을 담당한다. 경찰이 낮에 동네 순찰을 하다가 학교에 갈 나이쯤 되었는데 학교에 가지 않은 아이를 발견하면 경찰서로 끌고 간다고 한다. 학교 교육이 의무교육이기에 자의로 학교를 땡땡이쳤든, 부모가 보내지 않았든, 이유가 어떻든 간에 낮 동안 학교에 가지 않은 아이를 발견하면 경찰은 학생을 경찰서로 데리고 간다고 한다. 그리고 부모를 경찰서로 불러 경고 조치를 하고 아이를 돌려보낸다고 한다.

내가 중학교와 고등학교 다니던 시절에는 교복 착용이 의무였다. 지금의 아이들은 학교에 생활복도 입고, 체육복도 입고 등교할 수 있지만, 우리 시절엔 셔츠에 넥타이를 매고, 재킷을 걸쳐야

° 비에 아랑곳하지 않는 나우티초등학교 학생

° 페츄발루고등학교 학생들
ⓒ Tuvalu TV

학교 출입이 가능했다. 간혹 복장 규정에 맞지 않는 교복을 입고 가면 학생과 선생님의 '사랑의 매'를 선물받아야만 했다.

내가 즐겨 다닌 수스 키친에서 아이스커피를 한 잔 마시며, 한낮의 더위를 피해 쉬다 보면 하교 후 집에 가는 아이들을 자주 마주친다. 투발루의 학생들은 우리와 마찬가지로 학교별로 다른 교복을 입고 다닌다. 나우티초등학교에 다니는 여자아이는 하얀색 남방 위에 하늘색 조끼를 걸치고, 하늘색 치마를 입는다. 남자아이는 하얀색 남방에 하늘색 바지를 입는다. 제칠일안식일예수재림교회 초등학교에 다니는 여자아이는 초록색 원피스를 입고, 남자아이는 하얀색 남방에 회색 바지를 입는다.

페츄발루고등학교의 교복 색깔은 남녀 모두가 같다. 남자는 하얀색 셔츠와 크림슨색 바지, 여자는 하얀색 셔츠와 크림슨색 치마를 입는다. 교복이 낯설지는 않다. 내가 고등학교를 다녔던 충청남도 천안시에 복자여자고등학교가 있는데, 이 학교의 교복이 페츄발루고등학교 여학생의 교복 상의 및 하의의 색깔과 같기 때문이다.

투발루의 교육체계는 무상교육이라 교육비는 무료이지만, 나머지 물품은 자체적으로 조달해야 한다. 예를 들어 투발루의 경우 교복은 각자가 구입해야 한다. 투발루 사람이라고 직접 교복을 집에서 만들지는 않을 텐데 '교복은 어디서 구입할까?' 궁금했다. 우리나라의 경우 교복 전문 가게에 가서 사면 될 텐데 말이다.

어느 날 숙소 근처의 토코투 해변 잡화점 Tokotu Beach Convenience Shop에 갔다가 그 궁금증이 해결되었다. 참고로 Convenience

° 교복을 파는 토코투 해변 잡화점

Shop을 한국어로 번역하면 편의점이라고 해석해야겠지만, 잡화점이라고 해석하는 게 더 맞다. 왜냐하면 통조림, 물, 콜라 같은 식품도 팔지만, 신발, 전통의상, 프라이팬, 그리고 내가 궁금했던 교복도 파는 곳이기 때문이다. 어느 날 생수를 사러 잡화점에 들렀다가 교복을 발견했다. 잡화점 1층 한쪽에 초등학교와 고등학교 교복이 가지런히 접혀 있었다. 투발루에서는 교복전문점이 아니라 동네 잡화점에서 교복을 사면 되는 것이다.

° 사우스퍼시픽대학 투발루 캠퍼스

나우티초등학교 맞은편에는 투발루의 유일한 대학인 사우스퍼시픽대학USP 투발루 캠퍼스가 있다. USP는 태평양 12개 섬나라 정부가 힘을 모아 1968년에 설립한 대학이다. USP는 피지 수바에 메인 캠퍼스가 있고, 남태평양 12개 국가나우루, 니우에, 마셜제도, 바누아투, 사모아, 솔로몬제도, 쿡제도, 키리바시, 토켈라우, 통가, 투발루, 피지에 캠퍼스가 흩어져 있다.

USP는 대학교라고 하지만 단층짜리 조촐한 건물로 학생 50명에 강사 2명이 구성원의 전부다. 굳이 따지면 어느 산골이나 외딴 섬에 있는 분교의 성격이다. USP에 1년 동안 다닌 뒤 테스트를 통과하면 피지나 다른 나라의 정규 대학으로 진학하기도 한다.

생각해 보면 우리나라도 1950년대 6·25 전쟁 이후 가난하고 어렵던 시절이 있었다. 그때는 천연자원도 부족하고, 기술도 부족하고, 자본도 부족한 시기였다. 그래서 인적자원만이 유일한 자원이라는 생각으로 후대를 위한 교육은 게을리하지 않았다. 우리나라는 1959년, 해방 이후 6년 만에 초등학교 무상 의무교육을 시작했다. 아무것도 없는 시절에 "개천에서 용 난다."는 말처럼 교육을 통한 지위 상승이 유일한 신분 상승의 수단이 되었다. 이때부터 '교육열'이라는 단어가 퍼졌다. 암기식 교육 혹은 주입식 교육에 대한 부작용도 있지만, 소위 '팔자를 고치기 위해서'는 교육만이 유일한 수단이었다.

투발루도 역시 비슷하다. 천연자원도 부족하고, 기술도 부족한 나라에서 현재 최대한 할 수 있는 것은 미래세대를 기르는 것이다. 투발루에서 의무교육을 받은 아이들이 정치인이 되고, 공무원이 되어서 나라를 지탱하고 있다. 마찬가지로 지금 교육받는 아이들이 나중에 커서 전 세계에 영향력이 있는 정치인이 되고, 기업가가 되고, 기술자가 된다면 투발루는 지금보다 더 나은 미래로 나가지 않을까 생각해 본다. 그렇기에 교육은 절대로 비용이 아니라 투자라는 인식이 중요하다.

망자의 곁

"좋은 곳으로 가셨는데, 왜 울어요?"

- 장례식장에서 투발루의 한 여인 -

육지에서는 묘지를 마주치는 것이 낯설다. 명절 때 성묘를 갈 때나 차를 타고 이동할 때 누군가 선산의 묘지를 마주친다. 그나마 요즘은 상황이 좀 달라졌다. 화장이 늘어나면서 도시 주변에도 봉안당奉安堂이 많이 생기고 있다.

제주도에 가면 묘지를 좀 더 쉽게 마주친다. 제주도에는 길가나 밭 한가운데서 심심치 않게 묘지를 볼 수 있다. 그리고 많은 묘지 주변에 사각 형태로 현무암으로 돌담을 정성스럽게 쌓아 묘지를 보호한다. 제주 사람들은 묘지를 묘라고 부르지 않고, '산'이라고 부른다고 한다. 그리고 산묘지 주변에 쌓은 돌담이라고 하여 이 담을 '산담'이라 부른다. 제주도에서 이런 풍습이 생긴 이유는 야생의 말이나 소로부터 묘지를 지키기 위해서라고 한다. 묘지와 다른 땅의 경계가 없으면 말이나 소가 묘지 위에 난 풀도 뜯어 먹을 수 있기 때문이다. 또한, 간혹 발생하는 들불로부터 묘지를 보호하기 위해서라고 한다.

그리고 제주도 사람들은 사람이 죽어도 혼이 돌아다닌다고 생각해 산담을 쌓는다고도 한다. 묘지는 죽은 자의 집이기 때문이다. 교통이 불편했던 과거에는 망자가 익숙한 집 앞마당이나 밭에 매장하는 것이 흔한 풍습이었다고 한다. 그래서 우리는 제주도를 다닐 때 생활공간 근처에서 쉽게 묘지를 볼 수 있다.

투발루 주민들의 평균 기대수명은 68.7세다. 남자는 66.3세, 여자는 71.3세로 여자가 남자보다 5년 정도 더 오래 산다. 우리나라의 경우 전체 국민의 기대수명은 83.2세이고, 남자가 80.1세, 여자가 86.4세다. 두 나라 모두 여자가 상대적으로 오래 산다. 두 나라의 기대수명이 차이가 나는 이유가 무엇일까? 교육이나 의료조건 등 여러 조건이 다르지만, 중요한 이유는 비만율에 있다고 본다.

투발루의 경우 성인 비만율이 51.6%이고, 우리나라는 4.7%다. 우리나라와의 비만율 격차가 상당함을 넘어 현격한 차이다. 성인 비만율 문제는 투발루뿐 아니라 남태평양 지역에서 공통으로 겪는 문제다.

투발루 주변에 있는 나라들의 성인 비만율이 높다. 나우루 61%[전 세계 1위], 쿡제도 55.9%[2위], 팔라우 Palau 55.3%[3위], 마셜제도 52.9%[4위], 투발루 51.6%[5위], 니우에 50%[6위], 통가 48.2%[7위], 사모아 47.3%[8위], 키리바시 46%[9위], 마이크로네시아연방국 45.8%[10위]로 전 세계에서 성인 비만율이 높은 순서로 1위부터 10위까지가 모두 남태평양에 있는 국가다. 참고로 미국의 성인 비만율은 약 36.2%에 불과하다.

누군가는 투발루 사람들이 비만율이 높은 이유를 이렇게 이야기한다. 폴리네시아인들은 과거부터 선조들이 한 지역에 머물다가 다른 지역으로 계속 옮겨야 하고, 그러는 과정에서 식량 자원이 부족한 섬에 갔을 때 버티기 위해 몸에 지방을 축적하려는 유전자가 각인되어 있다고 말이다. 연구에 따르면 대표적인 폴리네시아 나라인 사모아인 5,000명의 유전자를 분석한 결과 이 가운데 25%가량이 비만 유전자를 가지고 있다고 한다.

그렇다면 왜 이렇게 비만 유전자를 가진 비율이 높을까? 폴리네시아인의 유전자는 대만 섬에 존재했던 원주민 조상으로부터 시작한다. 초기의 대만 원주민의 유전자는 현재 폴리네시아인의 유전자와 달랐을 수 있다. 이들은 언제 다른 섬에 도착할지 모른 채 거친 항해의 역사를 시작한다. 극한의 생존 압력 속에서 몸에 지방을 축적하지 못하는 유전자를 가진 자는 자연선택 Natural Selection에 의해 많이 죽었을 것이고, 몸에 지방을 잘 축적하는 유전자를 가진 자는 다음 섬에 무사히 도착해서 살아남았을 것이다. 그 결과 확률적으로 몸에 지방을 잘 축적하는 유전자를 가진 자들이 폴리네시아인의 주류를 이룬 것 같다.

나는 또 다른 시각으로 해석하고 싶다. 왜냐하면 남태평양 지역의 모든 국가의 비만율이 높은 것은 아니기 때문이다. 피지는 성인 비만율이 30.8%, 바누아투는 25.2%, 솔로몬제도는 22.5%로 다른 남태평양 국가에 비해 상대적으로 비만율이 낮은 나라다.

투발루의 경우 토양의 염분, 토질 등의 이유로 농사가 잘되지 않는다. 그래서 많은 식재료를 외국에서 수입해 온다. 그렇기에 오랫동안 보관할 수 있고 상하지 않는 식재료를 사용해야 한다. 그게 바로 가공한 '통조림'이다. 투발루에서 동네 마트나 잡화점에 가면 통조림을 쉽게 볼 수 있다. 스팸이나 참치처럼 익숙한 통조림뿐 아니라, 다양한 종류의 통조림을 마트에서 쉽게 볼 수 있다. 통조림에 의존적인 식습관이 투발루를 포함하여 폴리네시아인들의 비만율을 높인 것은 아닌지 조심스레 추측해 본다.

투발루에서는 사람이 죽으면 우리처럼 장례식을 지내고 저기 먼 다른 세상으로 망자의 영혼을 떠나보낸다. 장례식에는 손님을 위해 푸짐하게 음식을 차리고, 돼지를 잡는다. 그리고 장례식이 끝난 뒤 무덤 앞에서 기념사진도 찍는다고 한다. 그것도 활짝 웃으면서 말이다. 이들은 자신의 지인이 좋은 곳으로 갔다고 믿고 있는 것 같다.

투발루에는 조금 특이한 묘지 문화가 있다. 가족이 죽으면 바로 집 앞 마당에 망자를 매장한다. 묘지는 콘크리트로 네모반듯하게 봉하고, 무덤 주변에 타일을 붙인다. 그리고 지붕을 만들어 묘지가 비에 젖지 않게 한다. 간혹가다 묘지 주변을 철망이나 나무 울타리로 둘러 사람이나 동물들이 접근하지 못하게 막아놓기도 한다.

그러나 대부분 콘크리트로 묘지를 봉했다. 우리로서는 "조상의 무덤을 어떻게 콘크리트로 덮느냐."라고 할 수 있을 것이다. 그러나 나는 투발루 주민들의 선택을 이해한다. 왜냐하면 바닷물이 육지를 넘나드는 상황에서 흙으로 된 봉분으로 묘지를 만들면 봉분이 바닷물에 깎일 수 있을 것이다. 그렇기에 조상의 묘지를 보호하려고 조상의 묘를 콘크리트로 덮었을 것이라 조심스럽게 생각해 본다.

제주도로부터 아주 먼 남태평양의 외딴섬이지만 투발루도 묘지를 죽은 자의 집이라고 생각하는 것 같다. 그리고 망자가 가장 익숙한 집 마당에 망자를 매장하는 것도 같다. 땅이 좁아 공원묘지 같은 곳이 없어서 유일하게 자기가 마음대로 쓸 수 있는 땅에 매장하는 것이라 생각할 수도 있지만, 나는 그들이 망자를 곁에 두고 싶어 한다고 생각하려고 한다.

하지만, 묘지를 대하는 방식은 우리와는 사뭇 다르다. 묘지는 이승과 저승의 경계가 아니라, 이승의 연장선 같다. 아이들은 묘지 위에서 놀고, 어른들은 낮잠은 잔다. 타일로 네모반듯하게 만들어 놓은 공간은 아이들에게는 놀이터, 어른들에게 평상 역할을 한다. 그리고 묘지 위의 지붕은 한낮에 뜨거운 햇살을 피할 수도, 비가 올 때 비를 피할 수도 있다. 특히나 상대적으로 시원한 타일에 누

° 이름 모를 망자의 무덤
네모반듯한 묘지를 타일로 감싸 그늘 아래에서는 시원할 것이다.

워 한낮의 뜨거운 열기를 잠시나마 피하는 모습을 볼 수 있다.

이렇게 투발루는 지형의 특성이든지, 내가 알지 못하는 문화적 특성이든지를 떠나 망자를 곁에 둔다. 그리고 망자의 공간인 묘지를 이승의 공간과 떨어뜨려 놓지 않는다. 삶과 죽음이 따로 있지 않은 듯하다.

2. 사람은 무엇으로 사는가

그들만의 방식으로

대한민국에 사는 20대 남자가 무릇 그러하듯 나 역시 나의 의지와 상관없이 병역의 의무를 하고 왔다. 솔직히 나는 군대를 비교적 편하게 다녀왔기에 '라떼는 말이야'라는 말을 하지는 않는다. 내가 복무한 부대는 인천에 근거지를 두고 있던 제3군수지원사령부, 보급부대였다. 군수 물자 및 물품을 예하 부대에 빠짐없이 보급해 주는 보급부대다.

군대에 가서 군대에서 보급하는 물품의 종류가 중요한 순서로 1종부터 10종까지 나뉨을 알게 되었다. 내가 속한 부대에서 관리하는 기름은 3종 보급품이다. 그리고 가장 중요한 1종 보급품은 주식, 부식을 포함한 전투식량 등의 물품이었다. 총알과 수류탄 같은 탄약은 5종 보급품인데, 전쟁에서 가장 중요한 것은 총알이 아니라 먹고사는 것이라는 사실을 깨달았다.

군대뿐 아니라, 가정, 회사 그리고 국가 수준에서도 먹고사는 문제를 해결하는 것이 중요하다. 먹고사는 문제를 해결하지 못한 '나라님'은 농민 봉기나 민란을 통해 쫓겨나야 했다.

투발루는 유엔이 지정한 최빈국(LDCs, Least Developed Countries) 중의 하나다. 1인당 GDP가 전 세계 195개 국가 중에서 104위다. 그리고 산업 기반이 미비하여 푸나푸티 환초를 제외한 지역은 어업을 기반으로 열대우림에서도 잘 자라는 습지 토란(Giant Swamp Taro)을 재배하여 생계를 꾸려간다. 또한, 석회질의 토양, 자주 내리는 비, 뜨거운 적도의 태양, 범람하는 바닷물은 다른 농산물의 재배를 어렵게 한다.

투발루의 수출 품목은 거의 없는 반면, 생활에 필요한 대부분 물품은 수입에 의존한다. 채소나 과일 같은 신선식품뿐 아니라, 공산품, 심지어 건축자재도 모두 수입에 의존한다. 그리고 식품은 오래 보관할 수 있고, 상하지 않아야 하므로, 대부분 통조림 형태로 유통된다. 결과적으로 투발루는 만성적인 무역수지 적자에 시달린다.

이렇게 혹독한 땅인 투발루는 재정을 어떻게 충당해서 국가 살림을 이끌고 가는가? 그리고 주민들은 어떤 돈으로 동네 마트나 잡화점에서 물건을 사는지가 궁금했다.

투발루 정부는 근로소득세뿐 아니라 다양한 방식으로 재정을 충당하고 있다. 첫째, 투발루는 외국 선박의 입어료로 국가 예산을 충당한다. 투발루는 2010년대에 조업일수할당제VDS, Vessel Day Scheme를 도입했다. 투발루 영해에 입어하는 선박은 조업일수를 기준으로 하루 조업 허가 가격일일가격으로 입어권入漁權, 즉 물고기를 잡을 권리를 사야 한다.

최근 몇 년간 태평양 지역은 바닷물이 따뜻해지는 엘니뇨 현상이 발생했다. 이에 따뜻해진 바닷물 덕분에 참치의 먹이인 멸치의 개체수도 풍부해졌고, 결론적으로 참치의 개체수도 늘었다. 그 덕분에 일일가격이 상승하여 투발루 내 참치 입어료 수입이 급증했다고 한다.

둘째, 인터넷 도메인을 팔아서 살고 있다. 우리나라의 최상위 인터넷 도메인Top Level Domain은 '.kr'이다. 그래서 정부 기관go.kr이나 기업co.kr은 이 '.kr'을 포함한 인터넷 주소를 사용한다. 투발루에 할당된 최상위 도메인은 '.tv'이다. 최상위 도메인 tv가 텔레비전을 의미하는 TV와 같기에 방송 관련 기업들에는 tv는 유용한 도메인이다. 투발루는 2000년 최상위 도메인 사용 권리를 5천만 달러를 받고 미국 기업에 팔았다. 연간 2만 달러의 회비가 없어 UN 가입을 미뤘던 투발루는 최상위 도메인 판매 수익으로 당당히 189번째 회원국이 됐다. 미국 아마존닷컴 산하의 전 세계 최대 규모의 인터넷 방송 플랫폼 트위치Twitch도 투발루의 최상위 도메인 '.tv'를 사용하고 있다.

셋째, 많은 부분을 국제 원조를 통해 지원받는다. 대표적인 건물이 정부 청사다. 정부 청사는 푸나푸티 국제공항 맞은편에 있는 하얀색 3층 건물인데, 투발루에서 가장 높은 건물이다. 대만 정부는 투발루와 수교를 맺은 기념으로 800만 달러를 들여 정부 청사를 지어줬다. 청사 바로 옆에 있는 내가 머문 푸나푸티 라군 호텔은 대만 정부가 건축해 기증한 건물이며, 투발루 유일의 종합병원인 프린세스 마가렛 병원은 2003년 일본 정부에서 새롭게 건축해 기증한 것이다.

그리고 많은 기반시설이 외국의 지원으로 지어졌다. 도심의 가로등은 뉴질랜드가 1990년에 만들어 줬고, 도로포장은 미국이 1991년에 해줬다. 공항 활주로는 1992년 유럽연합이 새로 포장을 해줬고, 공항 신청사도 1993년 호주가 지어줬다. 그리고 집집마다 빗물을 모아둘 수 있는 물탱크는 호주, 뉴질랜드, 캐나다에서 지원해 주고 있다. 그리고 동네를 돌아다니다 보면 아직 쓸만해 보이나 버려진 중장비들이 보인다. 과연 무상으로 원조하는 방식이 적절한가에 대해 고민하게 되는 지점이었다.

° 버려진 레미콘 차량

정부는 이렇게 재정을 충당하는데 과연 주민들은 어떻게 돈을 벌 수 있을까? 제조업이 거의 없는 상황에서 이들이 수입을 창출할 수 있는 수단은 제한적이다.

첫째, 어업이 주요한 수입원이다. 배가 많지는 않지만, 투발루에도 우리 어촌처럼 어선이 있다. 어부들은 환초 안쪽의 석호나 환초 바깥쪽의 대양에서 어업 활동을 한다. 이들은 잡은 물고기를 팔아서 수입을 마련한다. 그리고 우리나라의 원양어선이 어업권을 사서 투발루 해역에서 참치를 잡는데, 이때 투발루 주민들도 감시자Observer로 같이 승선한다. 이들의 역할은 외국의 어선이 투발루 법을 잘 지키면서 참치를 잡는지 관찰하는 것이다. 이들은 승선 대가로 급여를 받는다.

둘째, 관광도 주요한 수입원이다. 푸나푸티 환초 서쪽에는 다양한 산호초와 물고기가 서식하는 33km^2 규모의 '푸나푸티 보전 지역Funafuti Conservation Area'이 있다. 바다는 멸종 위기에 처한 푸른바다거북Green Sea Turtle, 학명: *Chelonia mydas*의 보금자리이며, 섬은 검은제비갈매기Black Noddy, 학명: *Anous minutus* 군집의 서식처라고 한다. 배를 가진 선장들은 투발루 여행객을 대상으로 푸나푸티 보전 지역 투어를 통해 수입을 창출한다.

셋째, 선원의 급여가 주요한 수입원이다. 500명 정도의 투발루 남성이 외국 소유의 원양어선에 승선한다고 한다. 이들이 원양어선 선원으로 있는 동안 번 돈으로 선원의 가정은 생계를 꾸려갈 수 있다.

넷째, 외국에 사는 가족의 지원이다. 투발루 주민은 18세까지 13년간의 의무교육 과정을 마친다. 그리고 성인이 되면 일부는 호주나 뉴질랜드에 있는 대학교로 유학을 가거나, 취업을 위해 떠난다. 그 결과 투발루의 인구 피라미드를 보면 20~24세의 인구가 갑자기 줄어든다. 대학교에 진학한 사람들은 졸업 후 외국에 취업하거나, 다시 투발루로 돌아와 정부 기관의 공무원으로 일한다. 외국에 취직한 사람들은 외국에서 번 돈을 투발루로 보내고, 이들의 가족은 생계를 꾸려 나간다.

정부는 정부 나름의 방식으로, 개인은 개인 나름의 방식으로 재정과 수입을 확보하여 생계를 꾸려 나간다. '있으면 있는 대로, 없으면 없는 대로' 사는 것이 인지상정이지만, 누군들 풍족하게 살고 싶지 않겠는가? 이들은 물질적으로 풍족하지는 않지만, 자신들에게 주어진 삶에 만족하며 살아가고 있다. 물질적으로 풍족하나 심리적으로 결핍을 느끼는 사람과, 물질적으로 풍족하지 않으나 심리적으로 충만한 사람이 있다면, 후자가 더 나은 삶이 아닐까? 물질적 풍요가 행복을 보장하는 충분조건은 아니기 때문이다.

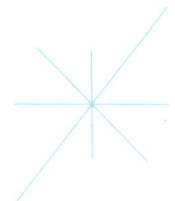

슬기로운 가정생활

경상북도 안동에는 퇴계 이황 선생님이 생전에 후학을 양성하던 도산서원陶山書院이 있다. 도산서원은 원래 퇴계 이황 선생님이 도산서당과 기숙사인 농운정사隴雲精舍를 짓고 유생을 교육하며 학문을 쌓던 곳이다. 퇴계 이황이 세상을 떠난 후 제자들은 사당과 서재를 짓고 서당을 완성했다. 그래서 도산서원은 퇴계 이황이 설계한 앞쪽 서당 공간과 제자들이 지은 뒤쪽 사당으로 서원의 공간이 나뉜다. 이렇게 목적이 다른 두 공간을 합쳐서 도산서원이라고 부른다. 도산서원은 영지산 자락을 뒤로하고 앞은 정남향으로 낙동강 물줄기를 두루 보고 있다. 도산서원은 우리 선조들의 건축 양식을 보여주는 대표적인 사례이며, 조선시대 한옥은 유사한 건축 양식을 가지고 있다.

퇴계 이황은 어떠한 마음으로 도산서원을 지었을까? 유홍준 교수의《나의 문화유산답사기 3》에서 퇴계 이황이 공사 감독을 부탁했던 지인에게 보낸 편지를 인용했다. 이를 보면 퇴계 이황은 정남향으로 집을 배치했고, 소박하게 건물을 짓기 위해 지붕을 낮게 만들었지만, 처마를 짧게 만들어 최대한 햇빛을 많이 들게 했음을 알 수 있다.

"이번 집의 제도製圖는 당을 반드시 정남향으로 해서
예禮를 행하기 편하도록 하고 재齋는 반드시 서쪽에 두고
뒤뜰과 마주하도록 하여 아늑한 정취가 있도록 할 것이며⋯
비록 지붕이 아주 낮지만 짧은 처마를 사용하기 때문에
빛을 받아들일 수 있으니 뜰이 좁은들 무슨 지장이 있겠습니까."

건축물은 단순히 건축재료를 쌓아 올린 것 이상의 의미를 갖는다. 건축물은 건축물이 서 있는 공간의 특성을 대변한다. 건축물은 해당 지역의 기후, 건축자재 및 지형을 경험적으로 집대성한 결과다.

북반부 중위도에 있는 온대기후인 우리나라는 4계절이 있는 동시에 계절마다 햇빛이 집 안으로 들어오는 각도가 다르다. 한옥을 남향으로 짓기에 햇빛이 집 안으로 잘 들어오게 만들면서도, 한옥 지붕 처마를 여름 햇빛과 겨울 햇빛의 각도 사이에 위치하

도록 만들어 집 안으로 햇빛의 양을 조절한다. 그리고 여름철에는 남동풍이 불기 때문에 건축물의 위치를 바람길의 방향으로 내어야 한다. 방위를 기준으로 하면 한옥은 남동향을 바라보는 구조가 이상적인 건축물의 배치도다. 그래서 우리 선조들은 한옥을 지을 때 남향을 선호했다.

창문도 마찬가지다. 창문이 크면 바람이 많이 집으로 불어 들어올 것 같지만, 반대로 햇빛이 집 안으로 많이 들어온다. 그렇기에 한옥은 적당한 크기의 창을 내어 바람과 햇빛의 균형을 맞췄다. 결과적으로 한옥은 햇빛이 잘 들고 바람이 잘 통하는 구조이다. 우리나라의 기후와 지형을 경험적으로 집대성한 결과다.

투발루도 투발루 나름의 특성을 반영한 건축 양식을 갖추었다. 투발루의 전통 가옥은 투발루어로 팔레fale라 하는데, 투발루에서 쉽게 구할 수 있는 재료로 지어진다. 코코넛나무나 판다누스나무의 줄기로 골조와 바닥을 만든다. 코코넛나무잎이나 판다누스 나무잎을 엮어 초가집처럼 지붕을 덮고, 벽체를 만들어 비와 바람을 막는다. 우리나라처럼 흙을 사용해 벽을 튼튼하게 만들지는 못하지만, 그런대로 남태평양의 태양과 비를 막을 수는 있다.

마을 중앙에는 투발루 전통 가옥과 비슷하지만, 벽체가 없고 규모가 훨씬 큰 건물이 있다. 이 건물은 마을회관으로, 마을 사람들이 축제를 열거나 회의를 여는 집회 장소로 사용된다. 그러나 전통 가옥은 외곽지역에서나 일부 볼 수 있고, 현재 대부분의 집은 철근콘크리트 구조의 집이다.

투발루는 남반구 적도 근처에 있기에 열대우림기후다. 남반구는 우리나라가 위치한 북반구와 태양의 이동 경로가 다르다. 북반구는 해가 동쪽에서 떠 남쪽을 거쳐 서쪽으로 지지만, 남반구는 해가 동쪽에서 떠 북쪽을 거쳐 서쪽에서 진다. 우리와 달리 남반구는 북향을 선호할 수밖에 없다.

내가 머물렀던 푸나푸티 환초의 폰가팔레섬은 남북으로 좁고 길게 뻗어 있다. 그리고 섬을 따라 남북으로 주요 도로망이 구축되어 있고, 그 길을 따라 관공서, 상점, 주택이 남북으로 선형 형태로 배열되어 있다.

건축물의 배치는 햇빛을 피하고 바람을 많이 들어오게 하는 구조다. 일년내내 평균기온이 31℃에 달하는 기후 특성상 햇빛을 많이 받기 위해 북향으로 집을 배치할 필요가 없다. 반면 동쪽에서 서쪽으로 불어오는 해풍을 최대한 많이 받기 위해 동향과 서향에 창을 크게 내어 통풍성을 높였다. 창은 최대한 개방감을 가질 수 있는 미늘창이 대부분이다. 미늘창은 여러 개의 길고 얇은 경첩이 달린 판으로 이루어진 창으로 실내에 들어오는 빛과 바람을 조절하기 위해 판의 각도를 조절할 수 있다. 열대기후에서는 창을 최대한 넓게 열어 환기를 원활히 해야 하며, 사시사철 비가 내리기에 창을 언제나 쉽게 닫을 수 있는 구조가 필수적이다. 여닫이창보다는 미늘창이 이러한 구조를 최대한 만족하는 창호 구조다. 그리고 현관문은 이동의 편리성을 위해 도로의 좌우 어디에 집이 있든지와 상관없이 모두 도로 쪽으로 문을 내었다.

○ 투발루의 전형적인 주택 형태
집 앞에는 빗물을 받는 물탱크가 있다.

다만 종종 민망한 순간도 있었다. 나는 오토바이를 타고 이동하는 여느 주민들과 달리 걸어 다니며 천천히 나만의 속도로 이동했다. 그러다 도로 양쪽에 위치한 집 쪽에서 소리가 나면, 나도 몰래 집 쪽으로 고개를 돌렸다. 집의 창과 문이 모두 도로 쪽으로 배열되어 있기에 순간 집에 있는 사람과 눈이 마주친 경험도 있다. 그러면 나도 모르게 "하이~" 하고 다시 나의 길을 걸어갔다.

투발루 주택 앞에는 콘크리트 혹은 플라스틱으로 된 1만 리터짜리 물탱크가 있다. 플라스틱으로 된 대부분의 물탱크는 호주, 뉴질랜드, 캐나다 등의 정부에서 지원하거나, 국제기구나 선교단체에서 지원을 해준 것이다. 이 물탱크의 용도는 비가 오는 날 빗물을 저장하는 것이다.

투발루의 국토 대부분이 산호초 섬이라 식수를 구하기 어렵다.

◦ 물통에 식수를 담아가는 주민

지하수를 파더라도 지하수에는 염분이 많아 식수로 바로 쓰기가 어렵다. 그래서 투발루 주민들은 물탱크에 빗물을 받아 생활용수로 쓴다. 빗물의 용도는 식수, 목욕, 빨래 등 모든 목적으로 사용한다. 남태평양의 투명한 바닷물이 증발해서 만들어진 빗물이라 깨끗해서 빗물을 식수로 직접 사용하기도 하지만, 집에 따라 물탱크의 빗물을 한 번 끓여 먹거나 필터를 사용해서 식수로 쓴다.

또한, 정부 청사 뒤편 부속 건물 뒤편에는 투발루 주민들을 위한 식수 지원시설이 있다. 정부 청사 건물 안에는 정수 시설이 있어 빗물을 정수하여 주민 누구나 떠갈 수 있게 무료로 공급한다. 오토바이를 탄 주민들이 한 손으로 오토바이를 조작하며, 다른 손으로는 다양한 물통을 들고 이동하는 모습도 흔히 볼 수 있다. 이들은 정부 청사에서 식수를 받아 가는 사람들이다.

외부인이 보기에는 상당히 열악하고 취약해 보이는 주거환경이다. 그러나 이들은 현재 상황에 큰 불만을 가지고 있지 않았다. 부족하면 부족한 대로, 풍족하면 풍족한 대로 하루하루를 즐기며 살아가고 있다. 이 역시 오래전, 역경을 헤치며 폴리네시아 트라이앵글을 개척했던 선조들의 긍정적인 정신이 유전자에 각인된 결과가 아닐까 싶다.

3. 먹고사는 문제에 대하여

전통 식재료와 전통 요리

2,000년 전, 남태평양의 외딴 투발루에 도착한 투발루인 조상들은 투발루가 어떤 매력이 있어서 이곳에 정착했을까? 단순히 남태평양의 푸른 바다가 아름다워서 이곳에 정착했을 리는 없다. 그들의 생존에 필요한 것을 쉽게 구할 수 있었기 때문은 아닐까?

○ 투발루의 물고기 우표
ⓒ 투발루 우체국

한 가지 생각해 볼 수 있는 것은 어족 자원이 풍부해서일 것이다. 푸나푸티 환초의 바깥쪽인 대양은 파도가 거칠게 치는 남태평양의 거친 바다이지만, 안쪽의 산호초 지대는 잔잔한 파도와 풍부한 산호초, 그리고 이에 의지해 사는 물고기 덕분에 물고기를 안정적으로 잡을 수 있었을 것이다.

대양으로 나가면 참치 같은 어족 자원도 풍부하다. 현재 투발루의 주요 수입원은 외국 선박의 입어료로, 외국 선박들이 투발루 앞바다에서 참치를 잡는 대가로 받는 돈이다. 그렇기에 우리나라의 동원참치와 사조참치 선박들도 투발루 항구에서 쉽사리 볼 수 있다. 아마도 투발루인의 선조들은 안전하면서도 안정적으로 단백질원을 확보할 수 있음을 발견하고 이곳에 정착했을 것 같다.

투발루를 이루는 6개의 환초는 죽은 산호초로 이루어져 있다. 그리고 오랜 시간이 흘러 코코넛나무나 판다누스나무에서 나온 유기물이 쌓이고 쌓여 토양을 이루었다. 그래서 표토表土는 깊지 않고, 심토深土는 석회질을 띤다. 그리고 비가 많이 오는 열대우림 기후라 토양 성분도 쉽게 휩쓸려 나가고, 잦은 바닷물의 범람으로 염분에 강한 식물만이 살아남을 수 있다. 여러모로 농사가 어려운 조건이다.

이러한 열악한 상황에서 투발루인 조상들은 일명 습지 토란인 풀라카Pulaka, 학명: *Cytosperma merkusii* 경작을 시작했다. 투발루에 정착한 투발루인 조상들은 투발루에 정착한 이래 지하수가 닿는 곳까지 깊이 구덩이를 팠다. 구덩이의 깊이는 10m 정도 되고, 넓이는

5~10m 정도 된다고 한다. 구덩이를 깊이 파는 이유는 지하수층까지 닿기 위해서다. 이 구덩이 바닥에 흙과 유기물 거름을 여러 겹으로 쌓는다. 유기물 거름은 주로 녹색 나뭇잎이나 썩은 코코넛 줄기와 잎으로 만든다. 시간이 지나면 이 유기물 거름은 풀라카를 재배할 수 있는 비옥한 토양이 된다고 한다. 투발루인의 선조들은 이 열악한 상황에서도 풀라카를 통해 탄수화물을 섭취할 수 있었다.

투발루인은 탄수화물원인 풀라카, 바다에 풍부한 단백질원인 생선과 해산물, 그리고 지천에 널린 코코넛 열매를 이용한 요리를 만들어 먹었다. 가장 구하기 쉬운 식재료를 활용해 요리를 하는 것은 당연하다.

대표적인 요리는 페케이Fekei다. 페케이는 풀라카를 코코넛 크림과 섞어서 풀라카잎 안에 쪄서 만든 요리로 투발루인이 즐기는 전통음식이다. 음료로는 오디Oddy를 먹는다. 오디는 코코넛나무의 수액으로 음료부터, 간식, 그리고 다양한 요리에 향료로 쓰이기도 한다. 오디의 맛은 달콤해서 그 자체로 음료로 마시거나, 풀라카의 쓴맛을 잡기 위해 풀라카가 들어간 음료에 넣기도 한다. 그리고 두드린 풀라카 과육 위에 코코넛 크림을 부어 만드는 음식인 툴롤로Tulolo, 코코넛 밀크에 풀라카잎을 넣어 끓인 국인 로우로우Rourou 같은 음식이 투발루의 전통음식이다.

생선요리도 많이 먹는다. 현재의 투발루인은 1인당 하루 평균 500g의 생선을 섭취한다고 한다. 생선과 코코넛이 풍부한 만큼 생선을 활용한 요리도 많이 발달했다. 일부 주민들은 닭과 오리

° 타라살 호수 근처의 돼지우리

나, 돼지를 키우기도 한다. 닭이나 오리는 집 앞을 자유롭게 돌아다닌다. 들개에게 잡아먹힐 것도 같은데 그냥 집 앞에 닭이나 오리를 방목해서 키우기도 한다.

돼지는 냄새 때문인지 집 앞에서 키우지 않고, 별도의 공간에 축사를 만들어 키운다. 공항 활주로를 중심으로 북서쪽에는 타라살Tarasal 호수가 있다. 호수와 활주로 사이에는 나무판자와 철망으로 대충 만들어 놓은 축사가 있다. 투발루 주민들은 여기에서 돼지를 키운다. 어느 날 돼지우리 가까이에 놀러 갔다가 신기한 장면을 봤다. 돼지들이 돼지우리를 탈출했는지, 아니면 주민들이 돼지우리 문을 열어놓았는지는 알 수 없지만, 돼지들은 돼지우리 밖에서 여유롭게 돌아다닌다. 돼지우리에 갇혀 애처로운 돼지도 보이지만, 탈출에 성공한 돼지들은 여유롭게 풀을 뜯고 있다.

행복한 우정의 정원

애석하게도 풀라카를 제외한 대부분의 농산물은 재배가 잘되지 않는다. 농사를 지을 만한 땅도 없고, 내리쬐는 적도의 태양 아래에서 많은 식물이 타서 죽기 때문이다. 태양이 너무 뜨겁기 때문에 "말라서 죽는다."보단 "타서 죽는다."는 표현이 더 적합할 거다.

그래서 대부분의 신선식품은 인근의 피지에서 수입한다. 숙소에서 북쪽으로 5분 정도 걸어가면 큰 슈퍼마켓인 지미 스토어 Jimmy Store가 있다. 여기에는 감자, 당근, 양배추 같은 채소, 오렌지, 사과 같은 수입산 과일을 살 수 있다. 그마저도 피지에서 수입한 물건이 들어오는 날에나 살 수 있고, 다 떨어지면 다음에 물건이 들어올 때까지 구할 수도 없다. 특히나 팔리지 않은 신선식품은 물러진 상태로도 계속 팔리고 있다. 우리나라라면 당장 마트 직원에게 "이게 뭐냐고." 할 테지만, 투발루에서는 이것밖에 대안이 없다.

어느 날 지미 스토어에 방문했다. 이날은 수입산 물건이 들어왔는지 출입구 근처에 달걀이 수북이 쌓여 있었고 냉장고도 신선 식품으로 가득 차 있었다. 물가를 조사했다. 당근은 1kg에 4.5호주달러 4,500원, 감자는 1kg에 4호주달러 4,000원이었고, 오렌지와 사과는 둘 다 1kg에 7.5호주달러 7,500원였다. 연간 1인당 GDP가 6,113달러 약 800만 원인 상황에서 매일 슈퍼마켓에서 식재료를 사는 것은 경제적으로 무리가 될 수밖에 없다.

그리고 지미 스토어에서는 우리나라 라면도 살 수 있다. 첫날 동네를 탐방하면서 이 먼 곳에 우리나라 라면이 있다는 것에 놀랐다. 봉지 신라면은 1개에 2.5호주달러 2,500원이고, 김치사발면은 1개에 3.5호주달러 3,500원다. 혹시 투발루에 가서 '한국의 맛'이 당긴다면 현지에서 라면을 구할 수도 있으니 걱정하지 않아도 된다.

° 지미 스토어에서 파는 한국의 맛

투발루 정부와 수교한 대만 정부는 신선식품을 저렴한 가격에 투발루 주민들에게 공급하고자, 2021년부터 대만 국제협력개발기금ICDF, International Cooperation and Development Fund을 통해 투발루에 농장을 짓고, 투발루인을 고용해 농사를 지은 후 수확한 농산물을 투발루 주민들에게 염가로 공급하고 있다. 대만에서 지원하는 농장의 이름이 '행복한 우정의 정원Happy Friendship Garden'이다.

행복한 우정의 정원은 투발루의 푸나푸티 환초에 두 곳, 바이투푸 환초에 한 곳이 있다. 푸나푸티 환초에 있는 대만농장은 활주로 동쪽 건너편으로 정부 청사를 기준으로 남서쪽으로 15분 정도 걸어가면 되는 곳에 있다.

농장 관리자는 대만인인데, 일요일에 파레파투섬으로 스노클링을 같이 갔던 대만인 앤디가 바이투푸 환초에 있는 농장의 농장 관리자. 그리고 월요일 점심시간에 중국 식당에 들어갔다가 만난, 앤디와 같이 점심을 먹고 있던 친구가 푸나푸티에 있는 농장의 농장 관리자 프레드Fred다.

농사의 시작은 비료를 만드는 것부터 시작한다. 비료는 돼지분뇨와 코코넛 껍질을 섞여 발효하여 현지에서 직접 만든다. 푸나푸티 농장의 관리자인 프레드에게 돼지분뇨와 코코넛 껍질의 섞는 비율과 발효 기간을 물어봤으나, 그는 비밀이라며 알려주지 않았다.

1년에 한 번씩 대만에서 화물로 운송해 온 흙과 발효된 비료를 섞어 농작물을 심을 토양을 마련한다. 농장에는 무, 양배추, 오이,

오크라Okra, 콩, 토마토, 피망, 호박 등을 재배한다. 농장 벽에 붙은 안내자료에는 없었지만, 농장을 돌아보니 파, 고추, 옥수수도 볼 수 있었다.

농장에서는 농작물을 위해 두 가지 조치를 취한다. 첫 번째는 우리의 인삼밭처럼 태양 빛 일부를 차단하기 위해 햇빛 차단 지붕을 설치하는 것이다. 항공 지도를 보면 활주로 남쪽의 1/3 정도 되는 지점의 오른편에 녹색으로 된 인공구조물이 보인다. 그곳이 농장이고, 녹색은 햇빛 차단막이다. 두 번째는 수분을 인위적으로 시켜줘야 한다. 투발루에는 나비만 있고, 벌은 없다고 한다. 그래서 모든 농작물을 인위적으로 사람이 수정을 시켜줘야 한다고 한다.

정성스레 수확한 작물은 투발루 주민들에게 판매된다. 매주 화요일과 토요일 아침 7시부터 9시까지 농장에서 장이 열린다. 투발루 주민들은 당일 아침 수확한 신선한 채소를 저렴한 가격에

° 행복한 우정의 정원 전경

살 수 있다. 채소의 가격은 kg당 2.5호주달러 2,500원로 마트의 반정도 가격이라고 한다. 그리고 투발루 현지의 농장에서 바로 수확한 채소를 파는 것이기 때문에 다른 나라에서 수입해 온 채소보다는 신선도가 좋을 수밖에 없다.

내가 농장에 들렀던 화요일에는 사람이 그다지 많지 않았다. 아무래도 평일 아침에는 이미 사람들이 아침을 먹고 출근 준비를 하는 시간이라 그랬던 것 같다. 이날은 오이와 호박이 주로 팔리고 있었다. 투발루 주민들이 익숙한 듯 오토바이를 문 앞에 주차하고 성큼성큼 들어온다. 여느 나라의 주부가 그러하듯이 노란 상자에 담긴 오이와 호박을 들춰 보면서 상처는 없는지, 잘 익었는지를 알아본다. 가족들이 먹을 것이기에 이왕이면 품질이 좋은 것을 고르는 것이리라.

° 행복한 우정의 정원에서 식재료를 사는 주민들

양 많은 짠 중국요리

매일 아침은 호텔에서 제공하는 간단한 식빵으로 때우고, 저녁은 호텔 식당에서 해결했다. 그래도 투발루에 있는 동안에 점심은 현지 식당서 해결했다. 그래봤자 투발루에 도착하는 날을 포함하여, 출발하는 날을 제외하고 여섯 번이 전부였다.

내가 투발루에 도착한 첫날 방문한 수스 키친은 투발루에서 나름 서양 음식을 먹을 수 있는 곳으로, 투발루에서의 첫 끼를 즐긴 곳이다. 또한, 중국인 혹은 대만인이 운영하는 식당이 세 곳이나 있다. 낭스Nang's, 블루오션 레스토랑Blue Ocean Restaurant, 할라바이 레스토랑Halavai Restaurant이 있다. 한국인 교민은 한 명도 살지 않는 외딴섬에 중국인 혹은 대만인은 식당까지 운영하고 있었다.

식당의 메뉴는 간단하다. 돼지고기, 소고기, 닭고기, 생선을 주재료로 한 카레와 튀김, 그리고 같은 재료와 채소를 길게 썰어 볶은 찹수이Chopsuey가 세 식당의 공통적인 메뉴다. 그리고 모든 식당에서 제공하는 밥의 양은 매우 많다. 한국에서 밥을 먹는 양이 적지는 않지만, 투발루에서는 매번 점심마다 밥을 남겼다. 그리고 전반적으로 요리가 좀 '많이' 짰다. 하지만 생각해 보면, 열대우림 기후에서 살면서 땀을 많이 흘리는 투발루인들은 음식을 통해 나트륨을 섭취해야 하기 때문에 그런 듯했다.

토요일에 투발루에 도착해서 점심은 수스 키친에서 샌드위치를 먹었다. 일요일에는 모든 식당과 마트가 닫아 호텔에서 햇반과 볶은 김치로 점심을 때웠다. 투발루에 도착한 지 3일째 되는 월요일 점심에서야 처음으로 현지식을 먹었다. 월요일 점심은 할라바이 레스토랑에 갔다. 식당은 호텔에서 10분 정도 걸으면 되지만, 낮 기온이 35℃여서 식당까지 걸어가는 짧은 시간 동안에도 이미 땀이 흥건히 났다.

할라바이 레스토랑은 실내 벽이 온통 파란색으로 칠해져 있고, 테이블은 4개 정도 있는 작은 식당이다. 내가 들어갔을 때 이미 3개 테이블이 채워져 있었다.

동영상을 찍느라 주변을 제대로 보지 못했는데, 누가 나에게 아는 척을 했다. 행복한 우정의 정원을 관리하는 대만인 앤디와 프레드였다. 뜻밖에 새로운 인연이 시작되는 순간이었다. 나는 자연스럽게 그들과 합석했고, 그사이에 소고기 찹수이를 주문했다.

음식을 기다리며 '스몰토크'를 이어갔다.

"몇 년 전에 한국에 가본 적이 있어요." 앤디가 말했다.
"그래요? 어디요?"
"부산이랑 서울이요."

그는 내가 일요일에 파레파투섬에서 소주병을 주워 왔을 때, 그게 '이름 모를 낯선 병'이 아니라 소주병인 줄 알았다고 했다.

"그…. 벌레같이 생긴 음식이 뭐더라?"
"벌레요?"

한참 핸드폰에서 벌레같이 생긴 음식의 사진을 찾던 앤디는 사진을 찾아 보여줬다. 그것은 번데기였다.

"한국에 횟집이나 술집에 가면 먹을 수 있는 안주예요."
"당신도 이걸 먹어요?"
"그럼요. 통조림으로도 파는데, 집에서도 고추랑 고춧가루 넣고 끓여서 먹으면 소주 안주로 최고죠."

그의 표정이 점점 굳어졌다. 번데기는 어려서부터 우리에게 익숙한 식재료다. 운동회나 체육대회가 열리면 으레 교문 앞에는 고동과 번데기를 파는 아주머니가 계셨다. 그리고 횟집이나 술집에 가면 기본 반찬으로 나오거나, 안주로 번데기탕을 시켜 먹기도 한다. 한국 사람인 나는 어려서부터 익힌 식습관이라 아무렇지 않은데, 대만인은 혐오스러웠나 보다. 그들은 중국인은 아니지만, 나는 이렇게 되물었다.

"중국이나 대만에서는 더 다양한 식재료를 먹지 않나요?"

그들은 나의 말에 적극적으로 동의했다. 우리가 문화의 상대성, 식재료의 상대성 등 다양한 말을 하는 사이 내가 주문한 요리가 나왔다.

할라바이 레스토랑의 소고기 찹수이는 소불고기처럼 얇게 썬 소고기에 간장과 굴소스를 기본으로 한 볶음요리다. 여기에 콘 옥수수와 옥수수 크기로 네모나게 썬 당근과 호박을 같이 볶았다. 함바집에서나 먹을 법한 커다랗고 둥근 하얀 접시에 밥을 얹고, 그 위에 소고기 찹수이를 덮어주면 된다. 간장 베이스로 만든 제육볶음 같은 스타일이다.

앤디는 투발루의 바이투푸 환초에 있는 농장을 책임지고 있다. 앤디는 일상적으로 월요일 점심을 푸나푸티에서 먹고 바이투푸 환초로 갔다가 금요일 저녁에 다시 푸나푸티로 온다고 했다. 그리고, 나처럼 인상이 푸근하게 생긴 프레드는 자신은 항상 푸나푸티 농장에 있으니까 언제든 편하게 방문하라고 했다.

° 블루오션 레스토랑의 손으로 쓴 메뉴판

어느 날 갔던 낭스는 특이하게 붉은 바탕색 간판에 노란색 굵은 글씨로 '패스트푸드'라고 써놨다. 그런 만큼 정말 빨리 요리가 나오기는 한다. 낭스에서는 치킨볶음면 Fried Chicken Noodle 을 시켰는데, 거짓말이 아니라 내 얼굴보다 더 큰 접시에 요리가 나왔다. 얇고 넓게 썬 닭고기에 양파와 당근을 넣고, 라면같이 꼬불꼬불한 면과 함께 굴소스에 볶은 느낌이다. 그날은 남쪽 끝까지 걸어갔다가 온 날이라 점심이 더욱 반가웠다.

"뭐지? 좀 짜다. 그냥 라면 면이네."
"아유 짜. 아유 짜."

치킨볶음면을 한 입 먹고 난 뒤의 내 반응이다. 회사에 다닌 지

15년이 넘었기에 외부에서 사 먹는 음식에 익숙한 편이다. 일반화하면 '난 아닌데?' 할 수도 있겠지만, 으레 남자들은 점심에 백반집에 가서 오징어볶음이나 제육볶음, 국밥집에 가서 순대국밥이나 뼈다귀해장국, 중국집에 가서 짜장면이나 짬뽕을 먹는다. 때때로 중국집에 가서 잡채밥도 시켜 먹는다. 잡채볶음은 가뜩이나 짠데, 탄수화물밥 위에 탄수화물잡채을 올려서 먹는다. 그런 세월을 15년 넘게 보내다 보니 짜고 매운 음식이 낯설지 않다.

  그런데 투발루의 치킨볶음면은 짜도 너무 짰다. 오전에 2시간 정도 걸었기에 땀쟁이는 땀을 너무 많이 흘렸다. 땀으로 나트륨을 많이 배출했기에 몸에서도 짠 것을 원할 텐데, 치킨볶음면은 그 이상으로 짰다. 양도 너무 많았다. 열심히 먹는다고 먹었지만, 결국 반쯤은 남기고 나왔다. '투발루인들이 정말로 많이 먹는구나.'라고 느끼게 된 계기였기도 하고, 투발루인들의 비만율이 높은 이유도 짐작이 갔다.

◦ 낭스의 치킨볶음면

◦ 할라바이 레스토랑의 소고기 찹수이

◦ 블루오션 레스토랑의 돼지고기 카레

4. 바다가 수영장, 활주로가 운동장

세상에서 가장 넓은 수영장

친구들이랑 신나게 놀던 곳.
나무 위에서 바다로 풍덩 뛰어들던 곳.
- 유다정, 《투발루에게 수영을 가르칠 걸 그랬어》 -

애니메이션 〈모아나〉를 보면 이런 장면이 있다. 모아나가 사는 모투누이Motunui섬은 가운데 화산섬을 중심으로 죽은 산호초로 된 암초가 둥글게 화산섬을 감싸는 지역이다. 그래서 암초 안쪽은 아주 잔잔한 파도가 치고, 암초 바깥은 끝을 알 수 없는 대양이 있다. 마을의 추장인 모아나의 아버지에게 암초 안에서 물고기가 더 이상 잡히지 않는다고 말하는 장면이 나온다. 그 이야기를 들다가 모아나가 말한다.

모아나: 그렇다면 저 암초 너머는 어떨까요?
아　빠: 누구도 암초를 넘어가서는 안 돼.
모아나: 알아요. 하지만 바닷가에 물고기가 없다면….
아　빠: 모아나!
모아나: 이렇게 넓은 바다가 있는데.
아　빠: 우리에겐 규칙이 있어.
모아나: 물고기가 많았을 때 만든 거죠.
아　빠: 우리를 지켜주는 규칙이야.
모아나: 그렇지만.
아　빠: 사람들을 위협에 빠뜨릴 수 없어.
　　　　절대 먼 바다에 갈 생각하지 마.

　모아나의 아빠는 젊은 시절 바다에 이끌려 친구와 카누를 타고 암초를 넘었다. 그때 무자비한 바다에서 몰아치는 집채만 한 파도를 만난 모아나의 아빠는 파도에 친구를 잃는다. 그리고 암초 밖의 바다는 미지의 무서운 공간으로 묘사된다.
　투발루에서는 바다를 질리도록 볼 수 있다. 남북으로 길게 뻗은 섬은 해안선이 길어 동쪽이든 서쪽이든 잠시만 걸으면 바다가 보인다. 대양인 동쪽 바다는 섬에 부딪히는 파도가 산산이 부서지는 모습을 보면 무섭다. 특히나 비 오는 날 동쪽 바다를 보면 모아나의 아빠가 왜 암초를 넘지 말라고 했는지 이해가 갔다. 그런데 서쪽 섬 안쪽은 잔잔한 파도가 마음을 편안하게 한다. 고요한 바다가 섬을 지켜주는 것 같다.

초등학교 5학년까지는 경기도 부천시에서 살았다. 그때는 부천시의 북쪽 지역을 막 개발하던 때라 빌라 위주로 주택 공급이 되었다. 내가 부모님과 새롭게 이사를 간 곳도 빌라촌 지역이었다. 반지하 층을 포함하면 총 4층 빌라의 맨 꼭대기 층에 살았다. 이때는 아직 부천에 1기 신도시인 중동신도시가 개발되기도 전이다.

학교를 마치고 나면 서로 약속하지 않았는데도 빌라 마당으로 아이들이 모였다. 동네가 좁기에 집에 앉아서 아이들의 목소리가 들리면 그 소리에 반응하여 하나둘씩 모여드는 것이다. 당시에는 차도 많지 않은 시절이라 빌라 마당은 우리들의 운동장이었다.

차를 새로 뽑는 게 얼마나 신기한 일인지 아버지가 캐피탈 자동차를 새로 뽑은 날 천안에 사시는 할아버지와 할머니도 올라오셔서 같이 사진을 찍었던 기억도 있다. 어른들도 핸드폰은 없는 시절이었고, 어른들도 삐삐로 연락하던 시절이었다. 아버지는 검정색 모토로라 삐삐를 사서 허리춤에 차고 다니셨다. 생각해 보면 새 빌라에서 삐삐라는 최신 문물을 사용하는 부모님과 산 것 같다.

빌라 앞마당에서 우리는 할 수 있는 모든 것을 했다. 축구도 하고, 야구도 하고, 구슬치기도 하고, 딱지치기도 하고, 비석 치기도 했다. 어느 날 2층에 사는 친구랑 놀다가 반지하에 사는 어떤 할머니 댁 창문을 깨 먹었던 기억도 있다. 30년도 넘어 아주 흐릿해진 기억이지만 그래도 그때는 마땅한 놀이기구가 없어도 신나게 놀았던 행복했던 시절이었다.

나는 투발루에서 나의 어렸을 적 모습을 봤다. 시대도 다르고, 지역도 다르고, 환경도 다르나 어렸을 적 모습을 봤다. 투발루의 아이들도 학교를 마치면 교복을 갈아입고 석호 쪽으로 모인다. 석호 쪽에는 UNDP 주도로 투발루의 땅을 넓히는 해안선 정비 사업지가 있다. 정비 사업지 남쪽에는 썰물 때는 물이 빠져 육지로 변하지만, 밀물 때는 모래를 쌓아둔 둑 때문에 수영장으로 변하는 곳이 있다. 둑 덕분에 바다로 휩쓸릴 염려도 없고, 얕은 물은 아이들이 물놀이하기에 최적의 조건이다.

투발루 아이들이 환초 안의 바다에서 신나게 물놀이를 한다. 아이들의 웃음소리가 너무 유쾌하다. 그냥 보기만 해도 즐겁나 보다. 작은 소리에도 "꺄르륵" 웃는 유아처럼 아이들의 웃음소리는 끊이지 않는다. 아이들은 둑에 올라가 다이빙도 하고, 서로 수영 시합도 하면서 아무런 걱정 없이 물놀이에 집중한다. 학원도 없고, 인터넷 강의도 없고, 스마트폰도 없는 투발루에서 자연은 아이들에게 가장 좋은 놀이터다.

아이들 뒤로 남태평양의 윤슬이 눈이 부시다. 파랗다는 말로 모두 설명할 수 없는 에메랄드빛 바닷물에 태양 빛이 비친다. 서서히 서쪽으로 지는 해가 파도도 없는 석호 쪽 바닷물에 반사된다. 아이들의 웃음소리를 귀로 듣고, 빛나는 윤슬을 한참 동안 멍하니 보고 있는 순간에 저 멀리서 한 아이가 나를 보며 외친다.

° UNDP 해안선 정비 사업지 남쪽 수영장

"니하오!"

중국어로 해맑게 인사한다. "아이 앰 코리안."이라고 외치고 해명하고 싶었지만, 그냥 가만히 있기로 했다. 이 순간 저 아이들에게 내가 한국인인지 중국인인지는 중요한 이슈도 아니고, 나 역시 나의 해명이 중차대한 일도 아니기 때문이다. 워낙 한국 사람이 적게 방문하는 나라이기에 발생할 수 있는 사소한 문제로 치부하고 넘어갔다.

마찬가지로 UNDP 해안선 정비 사업지 북쪽에도 아이들의 수영장이 있다. 여기는 며칠 전 외국인 친구들과 스노클링 여행을 시작했던 모닝 스타 교회 뒤에 있는 작은 선착장이다. 선착장이다 보니 작게나마 제방이 있어 아이들이 수영하기에 안성맞춤이다. 여기서도 아이들의 웃음이 끊이지 않는다. 아이들은 물속에 상대방을 끌어당겨 넘어뜨리는 시합을 한다. 보트 위에 올라가 다이빙도 한다. 아주 평화로운 남태평양의 오후다. 아주 즐거운 남태평양의 자유로운 순간이다.

UNDP 해안선 정비 사업지는 투발루 주민들에게 다양한 용도로 쓰이는 공간이다. 사업지의 양쪽 끝은 저녁노을이 지는 시간까지도 아이들의 물놀이 공간이다. $3km^2$ 정도 되는 공터이다 보니 아이들이 마음껏 뛰어놀 수 있는 운동장이기도 하다. 자녀에게 오토바이 연습을 시켜주는 사람, 사업지의 끝에 앉아 낚시하는 사람도 있다. 그리고 딱 봐도 연애 중인 커플도 제방에 앉아 저녁노을을 바라보고 있다. 층층이 빛나는 투발루의 노을은 정말로 로맨틱하기에 연인들에게는 데이트하기 좋은 시간대다. 남태평양의 노을 덕분에 없던 사랑도 생겨날 판이다.

제방 근처의 어느 주인 모를 낚싯배에 아이들이 모여든다. 남태평양을 횡단하는 물새가 이름 모를 무인도에서 잠시 쉬는 것처럼, 아이들은 주인 모를 낚싯배에 올라타 잠시 휴식을 취한다. 10명 남짓 되는 아이들 무리 속에서 한 아이가 갑자기 일어서더니 양팔을 허리에 얹는다. 석양을 등지고 검은색 실루엣만 보이지만, 그 아이의 모습에 자신감이 느껴진다.

양팔을 허리에 얹은 아이의 모습을 보고 뮤지컬 〈마틸다Matilda〉의 포스터가 떠올랐다. 영국 아동소설 작가 로알드 달Roald Dahl의 소설 《마틸다》를 원작으로 하는 어린이 뮤지컬이다. 돈밖에 모르는 부모 밑에서 집에서 책만 봤던 천재 소녀 마틸다가 주인공이다. 아이들을 구더기로 보는 고압적인 미스 트런치불 Miss Trunchbull 교장 선생님 밑에서 주눅이 들어 사는 아이들뿐이다. 마틸다는 명석한 지능으로 이 상황을 타개하고, 미스 트린치불 교장 선생님을 내쫓기에 성공한다. 양팔을 허리에 얹은 마틸다는 나쁜 교장 선생님을 물리친 어린 소녀의 자신감 넘치는 모습이다.

마찬가지로 이름 모를 낚싯배 위에서 양팔을 허리에 얹은 아이의 모습에서 아이의 자신감이 느껴졌다. 낚싯배까지 헤엄쳐 왔다는 승리의 자신감일 수도 있고, '세상아! 다 덤벼봐라.'라고 하는 헛된 자존심일 수도 있다. 그러나 낯선 세상에서 온 여행자로서, 이 아이들이 기후변화로 언제 닥칠지 모르는 위협 속에서도 자신감을 잃지 않고 꿋꿋이 헤쳐 나가길 기원해 본다.

석호는 투발루 아이들에게 이 세상에서 가장 넓은 수영장이자 가장 자연스러운 놀이터다. 어떠한 인공적인 수영장이 남태평양의 천연 바다 수영장보다 클 수 있겠는가? 자연이 투발루 아이들에게 준 거대한 선물인 듯했다.

이 풍광을 보면서 많은 생각을 했다. 시간이 지나면 결국에는 이 바다가 투발루 아이들이 나고 자란 고향을 삼킬 것이다. 아이들의 수영장이 더욱 넓어지는 만큼, 아이들의 고향은 더욱 좁아지는 것이다. 만약 해안선 정비 사업지가 없었더라면, 킹 타이드 시기에 바다는 아이들의 집과 등교를 위해 다니는 길을 잠기게 할 것이다. 바다는 아이들에게 위협적인 존재다.

과거부터 선진국들이 배출한 온실가스로 해수면 상승이 발생하고, 그 피해를 오롯이 받고 있는 나라가 투발루다. 그리고 그 피해는 미래세대로 갈수록 더욱 심해질 것이다. 선진국이 배출한 온실가스로 위기에 처한 투발루. 그들이 낸 자금으로 진행되는 해안선 정비 사업은 아이들에게 최고의 놀이터를 제공한다는 점이 아이러니하다.

° 석양 속 아이들
서 있는 아이가 〈마틸다〉의 포스터를 연상케 한다.

활주로는 모두의 운동장

세상은 나의 운동장이다.

- 양귀자, 《나는 소망한다 내게 금지된 것을》 -

투발루 푸나푸티 국제공항에는 비행기가 일주일에 4회 착륙하고 4회 이륙한다. 비행기가 착륙하면 승객이 내리고 짐이 내려진다. 이후 같은 비행기에 승객이 타고 짐을 실으면 비행기는 이륙한다. 착륙에서 이륙까지 소요 시간은 1시간이 채 되지 않는다. 4회라고 해봤자 최대 4시간이다. 일주일이 168시간인데, 비행기 활주로가 활주로로써 쓰이는 시간은 4시간뿐이다. 나머지 164시간 동안 활주로는 여행객을 위한 곳이 아니라 투발루 주민을 위한 곳이 된다.

투발루에서 공항 활주로는 단순한 비행기 이착륙장이 아니다. 활주로는 폰가팔레섬의 남북을 잇는 고속도로 역할을 한다. 주택 단지를 이리저리 통과해서 남과 북으로 오가는 길은 복잡하다. 아이들이 뛰쳐나올 수도 있고, 동네 들개가 길을 막고 '바쁜 사람이 비켜 가든지!'라는 눈빛을 보내며 가만히 있다. 여러모로 복잡하다. 그런데 폰가팔레섬을 남북으로 가로지르는 활주로와 활주로 옆 도로는 가로막히는 게 없다. 그래서 수많은 오토바이가 활주로가 활주로로 쓰이지 않는 시간에 바람을 가르며 이동한다.

그리고 활주로는 만인의 운동장이다. 오후 4시쯤 되면 활주로는 사람들로 꽉 찬다. 남자와 여자, 아이와 어른 할 것 없이 활주로의 곳곳에서 축구, 배구, 럭비 시합이 열린다. 1.8km 정도 되는 활주로 곳곳이 이들의 운동장이다. 한쪽에서는 축구 선수들이 체력 훈련을 하는데, 그 옆에서는 아이들이 배구도 하고, 축구도 한다. 그런데 축구나 배구를 대충 하는 것도 아니다. 어디선가에서 축구 골대를 들고 와서 활주로에 축구 골대를 설치하고, 배구 네트도 정식으로 설치한다. 아주 정신이 없지만, 그래도 정석으로 진지하게 운동한다.

나는 솔직히 지금은 운동을 좋아하지는 않는다. ESTJ인데 몸으로 움직이는 걸 좋아하는 E가 아니라, 동네 아주머니들과 놀이터에서 수다 떠는 걸 좋아하는 E와 같다.

과거에는 운동을 좋아했던 것 같다. 어린 시절 남중, 남고를 나왔다. 지금은 남녀공학이 흔한 시기이지만, '라떼만' 해도 남자만

º 활주로에서 축구를 즐기는 주민

다니는 중학교, 남자만 다니는 고등학교가 대부분이었다. 마찬가지로 여자만 다니는 중학교, 여자만 다니는 고등학교가 많았다. 남녀공학 중고등학교는 흔하지 않았다.

남중, 남고의 점심시간 풍경은 비슷하다. 중학교 때는 학교에 도시락을 싸 갔는데, 점심시간이 시작되면 최대한 빨리 점심을 먹고 운동장으로 뛰어나간다. 고등학교 때는 급식이 나왔는데, 점심시간 종소리가 울리자마자 맨 뒷자리부터 부리나케 급식실로 달려가곤 했다. '고딩'들도 밥이 목적이기도 하지만, 최종 목적지는 운동장이다.

점심시간에는 운동장이 모두의 운동장이었다. 누가 먼저 나왔는지에 상관없이 다 같이 운동장을 공유했다. 그러다 보면 운동장에는 축구공이 10개 이상 날아다녔다. 같은 반끼리 편을 나누어 시합하기도 하고, 다른 반과 시합하기도 한다. 축구공 10개 이상이 동시다발적으로 움직이는 와중에도 알아서 내 편과 상대편을 분간하는 것이 신기할 노릇이다.

이렇게 한바탕 놀고 나면 온몸이 땀으로 젖는다. 우리끼리는 그냥 익숙한 냄새니깐 그러려니 하는데 선생님 입장에서는 최악이다. 맛있게 점심을 먹고 잠깐 쉬다가 5교시에 교실에 들어오는 선생님은 기겁할 수밖에 없다. 땀 냄새와 사춘기 남자들 냄새가 뒤엉킨 교실이다. 그때는 아련하지만, 그 냄새는 아련하지는 않다. 그 시절에는 나도 축구에 진심이었던 것 같다.

그런데 투발루 주민들은 남녀노소 가리지 않고 운동에 진심이다. 그중에서도 축구에 진심이다. 누군가는 군대와 축구 이야기가 가장 싫겠지만 잠깐 축구 이야기를 하고 넘어가려 한다. 다행히 투발루는 군대가 없어, 군대 이야기는 하고 싶어도 할 수 없지만 말이다.

우리나라에 대한축구협회가 있듯이, 투발루도 투발루국가축구협회 TIFA, Tuvalu Islands Football Association가 있다. 또 K-리그처럼 투발루에도 최상위 축구 리그인 NPF National Provident Fund Championship League가 존재한다. 그리고 NPF 선수들을 모아 투발루 국가대표팀을 이룬다. 아쉽게도 투발루 국가대표팀은 피파FIFA의 멤버가 아니라 월드컵에서 투발루의 축구 경기를 보기는 어렵다.

투발루가 독립할 당시 9개 섬 중에서 8개만 유인도고, 1개 섬은 무인도였다. 그 후 무인도였던 가장 작은 섬인 니울라키타Niulakita

섬에도 사람이 살기 시작했는데, 니울라키타섬의 현재 인구는 43명뿐이다. 그래서 니울라키타섬을 제외하고는 8개 섬에 모두 1개씩 축구클럽이 있고, 이들 8개 팀이 투발루 NPF 리그를 이룬다. 그리고 많은 축구클럽이 1군뿐 아니라 2군 선수단도 있고, 여자 축구팀도 있다. 있을 것은 다 있다.

가장 큰 축구대회는 타가노아컵 Taganoa Cup이다. 2001년에 NPF 리그가 만들어지면서 시작된 대회. 매년 3~4월 사이에 리그전으로 이루어지는 타가노아컵의 운영 방식은 좀 특이하다. 전년도 리그 우승자가 컵을 소유하고 있고, 리그 시즌 동안 계속 축구대회가 열린다. 그리고 리그 시즌 중에 컵을 소유한 클럽이 지면, 타가노아컵은 이긴 팀으로 넘어간다. 그리고 시즌이 끝날 때 타가노아컵을 가지고 있는 클럽이 우승자가 된다.

절대적인 승자는 푸나푸티 환초의 축구팀인 나우티 축구클럽 Nauti FC이다. 그도 그럴 것이 투발루의 유일한 잔디 구장이 푸나푸티 환초에 있고, 축구대회도 이 축구장에서 열리다 보니 나우티 축구클럽은 홈경기를 하는 것과 같다. 2001년 NPF 리그가 생긴 이래로 2023년까지 나우티 축구클럽이 총 15번을 우승했다. 그 뒤로 니우타오 축구클럽FC Niutao이 3번, 라케나 유나이티드Lakena United와 마누레바 축구클럽FC Manu Laeva이 2번, 마지막으로 2021년에 포타가 축구클럽FC Tofaga이 1번 우승했다.

리그전뿐 아니라 토너먼트 경기도 있다. 대표적으로 투발루의 독립을 축하하기 위해 10월에 개최되는 대회로 '독립컵'과 우리

투발루 축구클럽 1

섬	누쿠페타우(Nukufetau)	누쿨라엘라에(Nukulaelae)
클럽	Tamanuku	FC Manu Laeva
엠블럼		

섬	바이투푸(Vaitupu)	푸나푸티(Funafuti)
클럽	FC Tofaga	Nauti FC
엠블럼		

투발루 축구클럽 2

섬	나누망가(Nanumaga)	니우타오(Niutao)
클럽	FC Nanumaga	FC Niutao
엠블럼		

섬	나누메아(Nanumea)	누이(Nui)
클럽	Lakena United	Nui FC
엠블럼		

출처: https://www.transfermarkt.com

나라에서도 특정 기업이 후원해서 열리는 대회인 'ㅇㅇ은행컵' 축구대회같이 투발루 국립은행이 후원하는 'NBT컵 National Bank of Tuvalu' 같은 축구대회도 있다.

마지막으로 우리나라의 전국체전처럼 투발루도 모든 종목이 섬별로 겨루는 투발루 게임 Tuvalu Game 이 열리는데 이때도 축구시합이 열린다. 투발루 게임은 투발루를 이루는 9개 섬 중에서 인구가 적은 니울라키타를 제외한 8개 섬이 참여한다. 이 대회에서는 축구뿐만 아니라 육상, 배드민턴, 카누, 럭비, 테니스, 배구 등 다양한 종목이 진행된다.

투발루는 국내에서 활발히 체육활동을 펼치는 한편, 국제대회에도 꾸준히 참가한다. 주로 4년마다 열리는 남태평양 지역의 섬나라들끼리 겨루는 퍼시픽 게임 Pacific Games 에 참여한다. 그리고 하계올림픽에도 참가하고 있다. 투발루는 2007년 국제올림픽위원회 IOC 에 가입해 2008년 중국 베이징 올림픽에서 처음으로 올림픽 무대에 섰다.

베이징 올림픽에 참여한 최초의 선수단은 100m 육상 경주에 남자 선수 1명, 여자 선수 1명, 역도 1명으로 총 3명밖에 되지 않았다. 그 뒤로 2012년 런던 올림픽 육상 2명, 역도 1명, 2016년 리우데자네이루 올림픽 육상 2명, 2020년 도쿄 올림픽 육상 2명, 2024년 파리 올림픽 육상 2명 에도 계속 선수를 보내고 있다. 아쉽지만 아직 하계 올림픽에서 메달은 따지 못하고 있다.

어렸을 때〈쿨러닝 Cool Runnings〉이라는 영화를 본 적이 있다. 눈이라곤 본 적이 없는 카리브해의 열대 섬나라 자메이카 출신 육상 선수들이 동계올림픽 종목인 봅슬레이에 출전하는 이야기다. 100m 선수인 주인공은 서울올림픽 출전을 꿈꾸며 연습한다. 그런데 대표 선수 선발전에 나갔다가 다른 동료가 넘어지는 바람에 같이 떨어진다. 실망한 주인공은 단거리 육상 선수가 동계올림픽 봅슬레이에 강하다는 이야기를 듣고 봅슬레이 경기에 출전한다.

동계올림픽은 러시아, 노르웨이, 독일, 미국, 스웨덴, 캐나다 같은 북반구의 눈이 내리는 국가가 강할 수밖에 없다. 그런데 〈쿨러닝〉의 주인공들은 자메이카 출신이라는 약점에도 불구하고 최선을 다했지만, 올림픽 본선에서 메달은 놓쳤다. 다만 그들은 끝까지 포기하지 않는 올림픽 정신을 보여줬다.

국제 스포츠 대회에서 약소국이 메달을 따는 일은 쉽지 않다. 우승은 더욱 어렵다. 2024년까지 33번 열린 하계올림픽에서 미국이 19회, 러시아가 7회, 프랑스, 영국, 독일, 중국이 1회씩 우승할 정도로 올림픽은 소수 국가가 우승을 독점해 왔다. 그러한 한계 속에서도 투발루를 포함한 남태평양 섬나라는 자국의 선수들을 꾸준히 내보내고 있다. 2024년 파리 올림픽 남자 100m 육상에 참여한 투발루 육상 선수 카랄로 마이부카 Karalo Maibuca는 11.30초로 국가 신기록을 세웠다.

현재 세계 신기록은 〈쿨러닝〉 주인공들의 고향인 자메이카의 우사인 볼트 Usain Bolt가 세운 9.58초다. 카랄로 마이부카의 기록은 세계 신기록과는 차이가 크다. 육상 100m에서 신기록을 투발루가 기록하는 것은 요원할지라도, 투발루 선수 누군가는 육상을 넘어 다른 어떤 종목에서 언젠가 메달을 딸 수 있을 거라 기대해 본다.

투발루에 머문 지 엿새째 되는 날, 목요일 오후였다. 이날도 다른 날과 마찬가지로 활주로를 걸어 다니며, 투발루 주민들에 섞여 배구를 보고 있었다. 처음 보는 외국인이 어느 순간 내 주변으로 다가와 같이 배구를 구경하기 시작했다. 나름 엿새째 여행 중이고, 주민들에 섞여서 비행기 이착륙을 챙겨서 보다 보니 새로운 외국인은 눈에 확 들어왔다.

"안녕하세요."
"안녕하세요." 으레 하는 인사말이다.

"어느 나라에서 오셨어요?"
"미국이요. 당신은요?"
"저는 한국에서 왔습니다."
"안녕하세요." 그는 한국말로 인사를 했다.
"한국말 어떻게 아세요?" 놀라서 되물었다.
"Korea에 가봤습니다. North와 South 모두요."

그는 미국에서 온 릭 Rick Gazarian 이다. 그의 꿈은 전 세계 모든 국가를 가보는 것이다. 그래서 현재 세계 여행 중이라고 한다. 몇 년 전 미국의 트럼프 대통령과 김정은 국무위원장이 만나 그나마 북한과 미국의 관계가 좋을 때 북한을 다녀왔다고 한다. 그리고 우리나라도 그의 여행지 중 하나였다.

세계 모든 나라를 여행하는 나의 탐험에 참여하기 - 181/193

그의 인스타그램에는 '181/193'이라는 숫자가 인스타그램 주인 소개 글로 나와 있다. 릭은 전 세계 193개국 중에서 181개국을 다닌 것이다. 내가 2024년 3월에 릭을 활주로에서 처음 만났을 때 그의 인스타그램의 숫자는 '173/193'이었는데, 어느새 8개 나라를 더 다녀갔다.

그의 인스타그램을 보고 놀라움을 금할 수 없었다. 내가 오래전부터 꿈꿔온 여행지가 있다. 둘째 아이가 대학생이 되면 큰아이와 함께 셋이 남미로 여행을 떠나는 계획이다. 페루의 마추픽추, 칠레 이스터섬의 모아이 석상, 볼리비아의 우유니 사막을 가고 싶다. 다른 아름답고 멋있는 곳도 많지만, 남미는 인생에서 가볼 기회가 많이 없을 것 같아 꼭 아이들과 가고 싶다. 특히나 세 여행지는 비행시간도 오래 걸리고, 비행기 환승도 많이 해야 하기에 아이들이 대학생쯤 되면 불만을 덜 갖고 여행을 떠날 수 있을 것 같다. 그런데 릭은 이미 그곳을 모두 다녀왔다. 나의 꿈을 다 이룬 사람을 본 것이다. 그의 여정은 존경스러웠고, 자유롭게 여행하면서 사는 그의 삶이 부럽기도 했다. 언젠가 그의 꿈이 이루어지길 기원한다.

이방인 여행자에게 활주로는 세상과 세상을 연결하는 통로다. 그 덕분에 낯선 투발루에서 다양한 이방인 친구들을 만났다. 그러나 투발루 주민들에게 활주로는 다른 의미도 갖는다. 그들이 생업과 학업을 위해 하루하루 지나가는 도로를 의미하고, 그들이 친구들과 함께하는 공간을 의미한다. 하루를 마무리하며 지인들과 소통하는 공간이다. 축구도 하고, 럭비도 하고, 배구도 하면서 하루의 스트레스를 날려 보내는 공간이다.

남태평양의 외딴섬에서 자신의 방식대로 즐겁게 하루를 즐기는 사람들을 본다. 세상은 이들을 어떻게 볼지 모르지만, 나는 이들의 자유로움을 가슴속에 새기고 왔다.

° 활주로에서 축구를 하는 사람들을 찍고 있는 릭

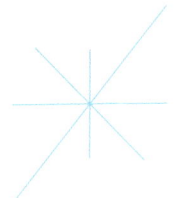

당구의 신을 만나다

낮 동안 아이들은 학교에 가고, 어른들은 생계를 위해 분주히 움직인다. 어르신들은 집에서 소일거리를 하며 시간을 보내고, 뜨거운 낮에는 오토바이만이 바삐 도로를 오갈 뿐이다.

그러나 오후가 되면 풍경이 달라진다. 아이들은 바다를 천연 수영장 삼아 물놀이를 즐기고, 어른들은 활주로를 운동장처럼 활용해 축구와 배구를 한다. 어르신들은 삼삼오오 모여 카드놀이를 하거나 보드게임을 하며 여유로운 한때를 보낸다.

한낮의 찌는 듯한 더위를 피해 숙소에 잠시 머물면서 투발루에 가져간 책을 읽었다. 투발루에는 책 두 권을 가져갔는데, 두 권 모두 제레드 다이아몬드Jared Diamond 교수의 책이다. 한 권은 그가

° 활주로에서 배구를 하는 사람들

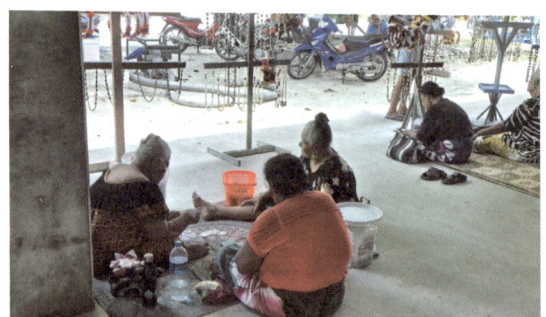

° 카드놀이를 하는 어르신들

° 보드게임 '쏘리 Sorry'를 하는 어르신들

1997년에 쓴 《총 균 쇠》이고, 다른 한 권은 《문명의 붕괴》다. 두 책 모두 두께가 상당한 책이라 소위 '벽돌 책'으로 알려져 있다.

내가 이 책을 선택한 이유는 만약 투발루에서 예상대로 일정이 흘러가지 않을 경우 호텔에서 '언젠가 읽어보자고 다짐했던 책이라도 보자.'라는 생각이었고, 다른 하나는 폴리네시아인의 역사와 과거에 한때 흥했던 문명이 어떻게 붕괴했는지 공부하고 싶었다. 다행히도 투발루에서 너무 바빠 《문명의 붕괴》만 읽고 왔다.

책을 한두 시간 읽다 보면 다시 내가 활동할 시간이다. 오늘은 어디로 가볼까 고민한다. 섬이 넓지는 않지만 구석구석 다니기를 목표로 한 여행자로서는 아직 갈 곳이 많다. 오늘은 발길이 닿는 대로 남쪽으로 갔다. 숙소에서 5분쯤 걸었을까? 시끄러운 음악 소리가 들린다. 여행자로서는 이런 것을 그냥 넘어갈 수는 없다. 소리가 나는 곳으로 발길을 돌린다.

LJ 엔터프라이즈 스토어LJ Enterprise Store 앞에 포켓볼 당구대 2개가 있고, 그 주변에서 10명 정도의 사람들이 포켓볼을 치고 있다. 여행자에서 구경꾼이 되어 나도 모르게 포켓볼에 빠져든다.

투발루의 포켓볼 규칙도 한국의 8볼Eight Ball 규칙과 동일하다. 공격을 위한 흰색 공 1개와 넣어야 하는 공 15개를 사용한다. 1번에서 7번 공은 색깔 공이고, 9번에서 15번 공은 줄무늬 공이다. 2:2로 편을 먹고 번갈아 가며 흰색 공을 쳐서 당구공을 넣는다. 포켓볼에 쓰인 숫자와 관계없이, 색깔 공 팀은 색깔 공 7개를 먼저 모두 넣고, 줄무늬 공 팀은 줄무늬 공 7개를 모두 넣으면 된다. 그리고 자신의 공을 다 넣으면, 마지막으로 검은색 8번 공을 넣으면 이기는 경기다. 다만, 8번 공을 치기 전에 내가 8번 공을 어디에 넣을 것인가 지정하고 거기에만 넣어야 한다. 그리고 전 판 승리 팀이 이기면 새로운 도전팀이 다시 도전하고, 전 판 승리 팀이 지면 새로운 도전팀이 새로운 승리 팀이 된다. 아직 익숙한 규칙이다.

나도 당구를 친 지 20년이 훨씬 넘었다. 대학교 신입생 때 친구들과 시작한 게 처음이다. 공강 시간이나, 수업을 마친 후 한때 친구들과 쪼르르 당구장에 갔다. 그때 당구장에서는 '죽돌이'가 되어 당구에 미친 친구도 있었다. 그런데 난 당구에 소질이 없었는지, 관심이 없었다. 그러다 보니 서서히 당구계를 떠나게 되었다. 결과적으로 내 당구 실력은 그때나 지금이나 4구 기준으로 50점 정도다. 다행히 그때 배운 규칙은 어느 정도 알고 있고, 길도 배워놔서 사는 데 도움은 됐다.

약 10분간 투발루 포켓볼을 지켜보며 익히고 있던 중, 한 사람이 나에게 말을 걸었다.

"포켓볼 쳐볼래요?"
"오! 좋죠."
"이 어르신이 편이 없으니, 이 어르신과 같은 편 하면 돼요."

그러고 보니 내가 왔을 때부터 포켓볼은 치지 않고, 의자에 우두커니 혼자 앉아 계시는 할아버지가 계셨다. 나는 할아버지와 인사를 나누고 앞 게임이 끝나기를 기다렸다. 이윽고 나와 할아버지가 도전팀으로 전 판의 우승팀에 포켓볼을 도전하게 되었다.

삼각형의 랙에 모아뒀던 포켓볼 공 무더기를 깨트릴 차례다. 할아버지가 나에게 브레이크 샷을 치라고 했지만, 나는 브레이크 샷을 할아버지에게 양보했다. 따다닥 하는 소리와 함께 일순간에 모여 있던 포켓볼 공들이 주변으로 흩어졌다.

나도 최선을 다해 나의 몫을 다하고 있었다. 언제 마지막으로 쳐봤는지도 모를 포켓볼이지만, 다행히 몸도 머리도 포켓볼을 기억하고 있었다. 우리 편의 공은 안 들어가고 상대 팀의 공은 하나둘씩 당구대에서 사라졌다. 당구 치던 사진을 회사의 팀 카카오톡 대화방에 보냈더니 이런 메시지가 왔다.

"공 부수려고? 너무 꽉 물고 치는데?"

사진 속 나는 너무나도 세게 입술을 꽉 깨물고 당구를 치고 있었다. 그런데 할아버지는 왼손으로는 담배를 피우며, 포켓볼은 오른손 하나로만 치고 계셨다. '뭐지? 손이 불편하신가? 담배 피우는 걸 보면 그건 아닌 것 같은데.' 차마 사람들에게 물어보지는 못하고 혼자 궁금해하던 찰나였다.

우리가 지고 있던 상황에서, 갑자기 할아버지가 두 손으로 포켓볼을 치기 시작했다. 우리의 색 공이 1개, 2개, 3개, 4개 연속해서 들어간다. 사람들이 외치기 시작했다.

"한 손One hand!"

할아버지는 그 말을 무시하고 순식간에 8번 검은색 공까지 넣어 우리가 승리했다. 할아버지의 이름은 사큐사Sakiusa로, 그는 '포켓볼의 신'이었다. 포켓볼을 너무 잘 치는 나머지 다른 사람들이 게임에 끼워주지 않은 것이었다. 그리고 포켓볼을 너무 잘 치기에, 다른 사람들이 할아버지는 한 손으로만 치도록 페널티를 준 것이었다.

한국에서 4구를 50점밖에 치지 못하는 외국인과 포켓볼의 신이 팀을 이룬 덕분에, 우리 팀의 실력이 평균 수준으로 맞춰진 것 같았다. 샤큐사 덕분에 우리 팀은 내리 3판을 이기고, 네 번째 판에는 젊은 친구들에게 패배하고 말았다.

두 번째 판인가 치던 와중에 갑자기 뒤에서 '쾅!' 하는 소리가 들렸다. 투발루에서 목격한 교통사고다! 당구장 앞길에 방지턱이 낮게 있는데 앞에서 가던 자동차가 방지턱 때문에 속도를 줄였나 보다. 그러나 그걸 보지 못한 뒤의 오토바이가 자동차에 그대로 박았다. 전방주시 태만이다. 다행히도 오토바이 운전자는 다치지 않은 것 같다.

잠시 후 자동차 운전자가 차에서 내리더니 범퍼를 살핀 후 오토바이 운전자와 투발루어로 이야기한다. 난 당연히 알아듣지 못하는 이야기다. 한국 같았으면 앞차 운전자가 목뒤를 잡고 나와 짜증 난 얼굴로 뭐라 뭐라 했을 텐데, 투발루 운전자는 그저 평온한 얼굴로 차에서 내렸다. 잠시 둘이 이야기를 나누더니 각자 갈 길을 간다. 바닥에 사고 위치를 '락카'로 표시하지도 않고, 보험회사를 부르지도 않는다. 그냥 각자의 길을 떠난다. 피해가 심하지도 않았고, 다들 아는 동네 사람이니 그랬을 것도 같다. 그리고 포켓볼 치던 사람들도 다시 아무렇지 않다는 듯 포켓볼을 친다.

투발루에 대한 정보를 최대한 많이 파악하고 투발루에 왔는데 포켓볼에 대한 정보는 나에게 없었다. 이럴 줄 알았으면 포켓볼도 연습하고 왔을 텐데 말이다. 그래도 우연한 기회에 투발루 주민들과 같이 포켓볼로 하나 된 것이 재미있었다. 특히나 별로 말이 필요 없어도 즐길 수 있던 놀이라 그랬던 듯하다.

○ 갑자기 발생한 교통사고에 우리는 모두 놀랐다.

◦ 이를 꽉 물고 포켓볼을 치는 나

◦ 당구의 신 사큐사 Sakiusa 할아버지

5. 음악과 춤이 삶이 되는 곳

쌍둥이 자매의 생일잔치

> 나는 왕관을 쓰고 우리의 투발루를 위해
> 춤추고 노래 부를 거야.
>
> – 조민희, 《우리의 섬 투발루》 –

아침부터 숙소가 번잡하다. 여느 아침처럼 30℃의 기온을 뚫고 호텔 야외 중앙 식당으로 향했다. 조식도 5일 정도 되니 물린다. 파리가 앉을까 봐 플라스틱 용기에 담긴 수입산 식빵을 수입산 토스터에 넣는다. 기다리는 동안 유리병에 담긴 커피 가루도 한 잔 탄다. '프림'도 없고, 설탕도 없다. 한편에는 상온에 보관된 수입산 멸균 우유와 유리병에 담긴 시리얼이 있다. 이윽고 토스트

◦ 푸나푸티 라군 호텔의 조식

가 되면 수입산 딸기잼을 빵에 바르고 빈자리로 간다. 무슨 기준인지는 모르겠으나 어느 날은 수입산 오렌지나 수입산 사과가 나오기도 한다.

　조식을 먹으며 직원들이 야외에서 무엇을 하는지 살펴봤다. 여자 직원들은 기둥을 하얀색, 노란색, 빨간색 천으로 감싼다. 남자 직원들은 어디에선가에서 테이블과 의자를 가져와 마당에 깐다. 테이블만 12개, 의자가 전체 100개 정도 놓였다. 메인 무대에는 하얀색 테이블이 플로어를 바라보고 길게 놓였다. 규모를 봤을 때 오늘 저녁에 대대적인 잔치가 있는 것 같다.

　저녁이 되어 이 행사의 목적을 알게 되었다. 쌍둥이 자매 페테리Peteli와 마나이마Manaima의 50번째 생일잔치였다. 쌍둥이 자매의 생일잔치는 춤부터 시작한다. 투발루의 전통음악이 나오고 여성들이 나와 단체 춤을 춘다. 화관을 쓰고 노란색 남방을 입은 아저씨가 투발루어로 아주 흥겹게 사회를 보고, 그 사이 참가자들은 뷔페를 먹는다.

4인조 밴드가 노래를 부르는 동안 사람들은 줄을 서서 준비한 선물을 주며 깊은 포옹을 나눈다. 손님도 많고, 일일이 선물을 주느라 선물 주는 시간만 30분이 넘은 것 같았다.

이윽고 조명이 꺼지고 하얀색 스크린에 동영상이 나온다. 아마도 호주나 뉴질랜드에 사는 가족이나 사촌 같은 분들의 영상 편지인 것 같다. 당연히 투발루 말로 하기에 무슨 말인지 나는 알아듣지 못하지만, 쌍둥이 자매의 50번째 생일을 축하하는 메시지일 것이다. 영상 속 사람들의 이야기를 듣던 주인공 쌍둥이 자매가 흐느껴 울기 시작한다. 감동의 눈물이었을 수도 있고, 그리움의 눈물이었을 수도 있다. 잠시나마 호텔 마당이 슬픔에 잠긴다.

이젠 댄스 타임이다. 메인 무대에 여성들이 투발루의 전통춤 복장을 입고 나와 단체로 춤을 추기 시작했다. 흥겨운 리듬에 모두 몸을 맡기고 단체로 춤을 춘다. 그런데 "어라?" 할 정도로 춤선이 곱다. 그리고 주인공 쌍둥이 자매와 가족들이 화답의 의미로 '답춤'도 춘다. 끝날 듯하면서도 끝나지 않는 무대는 잠깐의 브레이크타임을 거치고 춤만 1시간 정도 췄다. 이방인인 나는 최대한 그들의 행사에 해가 되지 않는 거리에서 쌍둥이 자매의 생일잔치 구경을 했다.

˚ 춤으로 시작해 춤으로 끝나는 쌍둥이 자매의 생일잔치

˚ 사람들의 생일축하 메시지

흥이 넘치는 사람들

투발루에는 다양한 기념일이 있다. 1월 1일은 새해^{New Year's Day} 공휴일이다. 국제 날짜변경선은 남태평양의 키리바시 동쪽을 지난다. 그래서 키리바시는 전 세계에서 새해를 가장 먼저 맞이하는 국가다. 투발루도 키리바시에서 멀리 떨어져 있지 않다. 그래서 전 세계에서 새해를 가장 먼저 맞이하는 국가 중 하나다. 투발루는 우리나라보다 3시간 빨리 새해를 맞이하고, 하와이 호놀룰루보다 무려 22시간이나 빨리 새해를 맞이한다.

'폭탄의 날^{Bomb Day}'도 있다. 태평양 전쟁 당시 푸나푸티 환초는 미군의 후방 비행장이었다. 일본은 1943년 3월 27일에 푸나푸티 환초의 미군 기지를 발견했다. 그리고 같은 해 4월 23일에 일본은 푸나푸티 환초의 어느 교회 지붕에 폭탄을 투하했다. 한 미군이 그 위험을 사전에 예측했고, 폭탄이 떨어지기 전 교회에 모여 있던 680명의 주민을 건물 밖으로 대피시켰다. 푸나푸티 주민들은 미군에게 감사하며 이날을 '폭탄의 날'로 기념하고 있다.

우리에게 《6도의 멸종》으로 알려진 마크 라이너스Mark Lynas는 투발루, 알래스카, 중국, 페루 등 '지구온난화의 최전선'을 다녀온 후 2006년에 《지구의 미래로 떠난 여행》이라는 책을 썼다. 폭탄의 날과 관련한 내용이 마크 라이너스의 《지구의 미래로 떠난 여행》에도 나와 있다.

"나는 호세아 집의 판다누스 거적에 앉아서 이 노인이 들려주는 전쟁 이야기를 들었다. 그는 일본군 비행기들이 작은 하얀 새처럼 푸나푸티에 있는 미 공군기지에 폭격을 한 1943년 4월의 그날을 아직도 기억하고 있었다. 그 바람에 투발루인 하나와 미국인 대여섯 명이 목숨을 잃었다. 그보다 많은 사람들은 일본군 포탄이 교회 천장을 뚫기 전까지는 교회로 대피하지 말라고 경고한 어느 현명한 미국 덕분에 목숨을 구할 수 있었다."

그 교회가 내가 일요일에 예배하러 갔던 모닝 스타 교회다. 2023년에 미국은 일본군이 교회를 폭격한 지 80주년을 기념하며 푸나푸티에 기념비를 세웠다. 모닝 스타 교회 뒤편으로 가면 나무로 된 울타리에 위는 사각뿔, 아래는 정사각형 모양의 조형물을 볼 수 있다. 이 조형물이 일본의 투발루 폭격 80주년을 기리는 기념비다.

○ 일본 폭격 80주년 기념비

80th Anniversary Bombing Day
23rd April, 1943~2023
US Marines landed on Funafuti 2nd October, 1942

폭격 80주년

1943~2023, 4월 23일

1942년 10월 2일 미국 해군이 푸나푸티에 상륙했다

일본 폭격 80주년 기념비에 쓰여 있는 문구

10월 21일은 사이클론의 날Cyclone Day이다. 적도를 중심으로 뜨거운 태양을 받은 바닷물은 증발하여 구름이 된다. 그리고 지구 자전으로 열대성 저기압이 된다. 열대성 저기압이 북태평양 서쪽에서 발생하면 '태풍', 북대서양과 멕시코 연안에서 발생하면 '허리케인', 인도양이나 남태평양 호주 부근에서 발생하면 '사이클론'이라고 한다. 이처럼 열대성 저기압의 명칭이 다른 것은, 지역 원주민들이 예로부터 부르던 말이 달랐기 때문이다. 예를 들어 태풍은 태풍의 중국식 발음 '타이펑Taifung'과 비슷한 그리스 신화 속 괴물인 '티폰Typhon'을 연계시켜 만들었다고 한다. 그리고 허리케인은 중앙아메리카 카리브해 연안에 살던 사람들이 붙인 '우라간Huracan'에서 유래했는데, 이 말은 폭풍의 신이라는 의미다.

1972년 10월 21일, 규모 1등급의 사이클론 베베Bebe가 투발루에 상륙했다. 사이클론은 지구 대기환경의 특성상 호주 동쪽에의 남태평양 한가운데서는 잘 발생하지 않는다. 그런데 1972년 발생한 사이클론 베베의 최대 풍속은 150km/h를 기록했다. 비극적이게도 사이클론 베베로 주민 18명이 사망하고, 수백 명이 다쳤다. 그 뒤로 투발루 주민들은 태풍 베베로 사망한 주민들을 기린다.

가장 중요한 날 중 하나로 독립기념일인 투발루의 날Tuvalu Days이 있다. 1978년 10월 1일, 투발루의 독립을 기념하는 독립기념일 행사는 매년 10월 1일에 대대적으로 열린다. 푸나푸티 국제공항 활주로를 메인 무대로 하여 공식적인 퍼레이드와 춤 공연을 볼 수 있다. 특히나 독립기념일에는 전통춤 행사가 열린다. 투발

◦ 독립기념일 기념 축제
ⓒ Tuvalu TV

루의 모든 섬과 환초의 전통춤 공연자들이 푸나푸티 환초로 모여 형형색색의 전통춤 복장을 하고 춤을 춘다. 지역별로 돌아가면서 공연하는데, 이때는 어느 지역인지가 중요하지 않다. 다 같이 노래를 목청이 터질 듯이 부르고 다 같이 춤을 춘다.

투발루만의 특색을 가진 기념일도 있다. 우선 영연방 국가인 만큼 3월 둘째 주 월요일은 영연방의 날 Commonwealth Day을 공휴일로 정하고, 엘리자베스 Ⅱ세의 생일과 찰스 Ⅲ세의 생일도 공휴일로 정해 기념하고 있다. 또한 기독교 국가인 만큼 성금요일 Good Friday, 거룩한 토요일 Holy Saturday, 부활절, 복음의 날 Gospel Day, 크리스마스 같은 기독교 관련 기념일도 공휴일로 지정하고 있다. 그리고 투발루의 9개 섬과 환초는 각자의 기념일도 있고, 이때마다 지역에서는 성대한 축제와 춤 공연을 볼 수 있다.

º 투발루 전통춤 복장 우표
ⓒ 투발루 우체국

투발루 주민들은 흥이 넘치는 민족이다. 국경일이나 기념일에는 전통음악을 틀고 춤을 춘다. 마을회관 같은 건물이 완성되거나, 외국의 중요한 사람이 방문할 때도 전통음악을 틀고 전통춤을 춘다. 그리고 쌍둥이 자매의 생일잔치처럼 지인의 생일잔치에서도 전통춤을 준다. 춤도 대충 추는 것이 아니라 전통 복장을 제대로 갖추고 춘다.

투발루의 전통춤을 출 때 여성들은 판다누스나무잎으로 만든 머리띠 Fau O Aliki 또는 머리장식 Kula, Pale을 하고, 화관을 쓰기도 한다. 전통 상의 Teuga Saka를 입고, 코코넛나무잎이나 판다누스나무잎으로 만든 전통 치마 Te Titi Tao를 바지나 치마 위에 걸쳐 입는다. 투발루 남성들은 상의는 걸치지 않고, 판다누스나무잎과 화려한 색상의 천으로 만든 의상을 입고 춤을 춘다.

신들의 노, 신들의 노, 사람들의 노,
노를 잡아라, 노를 잡아라! 오 나의 노, 오 나의 노!

- 투발루 전통 춤곡, 'Te foe, te foe kia atua' -

하늘 보고 별을 따고 땅을 보고 농사짓고
올해도 대풍이요! 내년에도 풍년일세!

- 사물놀이, '별달거리' -

  투발루의 전통적인 노래는 짧은 시가 반복되는 형태다. 요즘에는 반주는 녹음파일을 틀기도 하지만, 일반적으로 반주는 사람들이 한편에 앉아 박수를 치거나, 스테인리스로 된 큰 대야를 엎어 놓고 대야를 막대기로 쳐서 소리를 낸다. 아이들이 주방 놀이를 하다가 그릇을 뒤집어 놓고 막대기로 치듯이, 전통 악기가 아니라더라도 타악기 소리를 낼 수 있는 주변 사물을 활용해 리듬을 채운다. 세상의 모든 것이 악기가 될 수 있다.

  타악기로 무대를 채우는 소리는 우리에게도 익숙하다. 어려서부터 사물놀이를 들어서 그런 듯하다. 천둥의 꽹과리, 바람의 징, 비의 장구, 구름의 북소리 리듬이 반복되면서 분위기를 고조시킨다. 투발루의 전통 춤곡도 비슷한 구조다. 처음에는 느리면서 차분한 음악이 흐르지만, 음악과 짧은 구절의 노래가 반복되면서 점차 박자가 빨라져 분위기가 고조된다. 고조되는 타악기 소리에 맞춰 춤을 추다 보면 어느덧 한두 시간이 금방 지나가 있다.

6. 과학과 신앙의
경계에서

다시는 물이 모든 혈기 있는 자를 멸하는 홍수가 되지 아니할지라.

- 《창세기》 9장 15절 -

    1953년 네덜란드 동인도 회사 소속 선박 선원이었던 헨드릭 하멜Hendrick Hamel, 1630~1692과 일행은 상선 스페르베르De Sperwer호를 타고 일본 나가사키로 가던 중 제주도에 표류하게 된다. 조선 정부는 낯선 이방인을 처음에는 융숭하게 대접했다. 그러나 이들 일행이 청나라 사신에게 난동을 부린 사건을 계기로 이들은 전주, 남원, 순천, 여수로 뿔뿔이 흩어져 13년간의 유배 생활을 보내다가 일본으로 탈출한다. 이때의 경험을 기록한 책이 《하멜표류기Hamel's Journal》다.

하멜 입장에서는 조선을 어떻게 봤을까? 13년의 억류기간 동안 여기에서 저기로 이송 다니며 부역에 동원되었다고 하니, 조선에 대해서는 좋게 이야기할 수 없었을 것이다. 반면에 우리나라는 하멜을 기념하고 있는 게 아이러니하다. 하멜이 이동한 경로에 따라 제주도 서귀포에는 하멜기념비가 있고, 여수시와 강진군에도 하멜기념관을 만들어 부역을 위해 해당 지자체에 머물렀던 하멜을 기념하고 있다.

투발루도 하멜과 비슷하게 이방인이 표류했던 역사가 있다. 1861년 개신교 집사인 엘레카나Elekana는 쿡제도의 섬 사이를 지나가던 도중에 풍랑을 만나 원래 목적지에서 2,700km나 떨어진 투발루 푸나푸티 환초 남동쪽에 있는 누쿨라엘라에Nukulaelae 환초에 표류하게 된다. 여기까지는 하멜의 이야기와 비슷하다.

누쿨라엘라에에 표류하게 된 엘레카나는 굶주림과 갈증으로 죽을 지경에 이르렀으나, 이곳에 살고 있던 투발루인의 조상에게서 야자수 수액을 얻어먹고 되살아난다. 엘레카나는 자신의 목숨을 살려준 투발루인들에게 은혜를 갚고 싶었다. 그래서 엘레카나는 런던선교협회LMS, London Missionary Society의 승인을 받아 투발루 최초의 목사가 되어 투발루에 기독교 신앙을 전파하게 된다. 투발루의 누쿨라엘라에에는 엘레카나의 표류를 '기념'하는 '엘레카나 투발루 기독교 기념관 1861'이 있다. 여기는 하멜의 결론과는 다르다.

목사 엘레카나는 자신의 목숨을 살려준 투발루인을 위해 기독교를 널리 전파한다. 그 덕분에 현재 투발루에는 기독교를 믿는

° 모닝 스타 교회의 주일 예배

주민이 대다수다. 주민 중 92.7%가 개신교, 바하이교Baha'i 1.5%, 여호와의 증인 1.5%, 종교가 없거나 다른 종교를 가진 사람은 3.9%밖에 안 된다.

같은 개신교 안에서도 조금 다른 분파가 있는 듯했다. 예를 들어 엘레카나의 선교 이후 투발루에 현지화한 투발루교회Congregational Christian Church of Tuvalu가 교인이 가장 많고, 브렛렌Brethren이나 제칠일안식일예수재림교회도 있다. 그래서 세부적인 종교에 따라 교회가 달리 있으며, 내가 머물렀던 푸나푸티 환초에는 개신교 분파에 따라 5개의 교회가 있다.

나는 기독교인은 아니지만 투발루의 교회 문화를 알고 있어서 일요일에 숙소 주변에 있는 모닝 스타 교회로 갔다. 예배는 일요일 아침 10시부터 5개 교회에서 동시에 열린다. 예배가 열릴 시간에 교회 앞 도로는 통제된다. 도로는 주민들이 끌고 온 오토바이

◦ 예배 시간에 이동이 통제된 도로

의 주차장으로 변한다.

9시 40분쯤 도착한 나는 조용히 교회 뒷문을 통해 들어갔다. 교회 뒷문에는 한국의 교회처럼 헌금 봉투와 헌금함이 있었다. 그리고 중앙 통로를 중심으로 긴 좌석이 4줄 정렬되어 있었다. 온도가 30℃가 넘는 상황에서도 에어컨은커녕 좌우의 창문은 모두 열려 있고, 오롯이 천장의 선풍기만 돌아가고 있었다. 이 점만 빼고는 한국 교회와 비슷했다.

그리고 이렇게 더운 날씨에도 깔끔하게 다린 흰색 셔츠와 넥타이까지 하고 온 남성과 새하얀 원피스를 입고 온 분들이 많았다. 그만큼 예배를 신성하게 생각하는 것 같았다. 그러면서도 사람들은 코코넛나무잎으로 만든 부채로 쉬지 않고 부채질한다.

'나만 더운 것은 아니구나. 투발루 사람들도 덥구나.'

이렇게 속으로 생각해 본다.

아직 예배 시간이 되기 전이라 미리 찬송가를 연습하고 있었다. 목사님의 설교단을 중심으로 양쪽에 펼쳐진 스크린을 통해 찬송가 가사가 띄워지고, 사람들은 스피커에서 흘러나오는 녹음된 찬송가 반주에 맞춰 찬송가를 부른다.

투발루어 찬송가이기에 무슨 의미인지 전혀 알아들을 수는 없었다. 다행히도 한국의 찬송가가 그러하듯 찬송가를 처음 듣는 사람도 누구나 쉽게 따라 부를 수 있는 4/4박자 노래였다. 그리고 스크린에 가사가 나오고, 후렴구가 계속 반복되기에 따라 부르기 어렵지 않았다. 어느 순간부터는 나도 교인들과 같이 투발루어 찬송가를 따라 부르고 있었다.

스크린 속 찬송가 가사 중에 한 단어는 알아볼 수 있었다. 찬송가 가사에 대문자 I로 쓴 'Ie-su'라는 단어가 계속 나오는데, 이 단어는 예수님을 뜻하는 듯했다.

"Te^i-goa o **Ie-su**…."
"O… **Ie…-su**… la-va le po-ga…-i."

10시가 되자 에메랄드빛 정장을 깔끔하게 차려입으신 목사님이 들어오셨다. 찬송가와 마찬가지로 목사님 말씀도 당연히 투발루어로 했다. 나는 당연히 목사님 말씀은 알아듣지 못했지만, 목사님의 말씀에 '예수', '요한', '아멘' 같은 고유명사 몇 가지만 알

알들을 수 있었다.

종교는 무교이지만, 군복무 시절 훈련소에서 다양한 종교를 체험했다. 훈련병 입장에서는 주말에 교회, 성당, 절에서 어떤 간식을 주느냐에 따라 매주 종교를 바꾸기도 한다. 나도 논산 훈련소에서 4주 동안 훈련받는 동안 간식에 따라 교회도 가고, 성당도 가고, 절도 갔다. 그때의 경험을 통해 나는 종교에 대해서 열린 마인드를 갖게 된 것 같다.

군대에서의 종교 경험을 생각해 보면, 투발루의 교회는 개신교 예배인데도, 천주교 미사와 비슷했다. 가장 큰 특징은 계속 일어나는 것이었다. 목사님 말씀 후에 잠깐 일어나고, 다시 앉고를 반복했다. 어떠한 상황인지는 모르지만, 투발루 주민들이 하는 대로 따라 하다 보니 어느새 1시간이 넘었다. 투발루의 주말 예배는 1시간 반 정도 했다.

인구의 93%가 개신교인 투발루는 다른 나라와 다른 특징이 있다. 첫째, 예배가 열리는 일요일에는 모든 가게가 문을 닫는다. 마트가 문을 닫고, 잡화점도 문을 닫고, 식당도 문을 닫는다. 그렇기에 투발루 여행자는 일요일에 마실 물 같은 생필품은 최소한 토요일에 사놔야 한다. 단, 호텔에서 식사와 물, 맥주는 살 수 있다.

둘째, 매일 저녁에 15분간 예배 시간 Devotion Time이 있다. 저녁 6시 45분에 동네에 종이 울린다. 예배 시간을 알리는 종소리다. 예배 시간이 시작되면 모든 동작을 멈춰야 한다. 우리나라도 민방위 훈련이 시작되면 공습경보 사이렌이 울린다. 민방위 사이렌이 울리면 주민들은 가까운 대피소로 이동해야 하고, 자동차는 도로 오른쪽으로 주차하고 차내에서 민방위 훈련 안내 라디오를 청취해야 한다. 만약 우리나라를 방문한 낯선 외국인이라면 놀라겠지만, 대부분의 한국 사람들은 대수롭지 않게 여긴다. 마찬가지로 투발루에서는 예배 시간 종이 울리면 걸어가던 사람은 그 자리에 멈춰야 하고, 오토바이를 운전하던 사람도 오토바이를 멈춰야 한다. 15분간 말이다.

나는 그것도 모르고 어느 날 저녁에 활주로를 걷고 있었다. 저녁에 조용하길래 그냥 그런가 보다 하고 아무런 생각이 없었다. 그런데 저쪽에서 누가 날 손전등으로 비추는 게 아닌가?

가까이 가보니 경찰관이었다. 경찰관 근처에 가도 경찰관이 아무런 이야기가 없길래 나는 경찰관을 지나쳐 나의 길을 갔다. 나중에 알게 되었는데, 투발루 경찰이 하는 일 중 하나가 사람들이 예배 시간을 지키는지를 관리하는 것이다. 예배 시간에 길거리를 돌아다니면 경찰서로 끌려가기도 한다고 한다.

이날 경찰은 예배 시간에 돌아다니는 나에게 손전등으로 경고한 것인데, 아마도 걸어가는 나를 외국인이라 그냥 두었던 것 같다. 다른 곳에서는 알 수 없는 정보다. 명심하시라! 저녁 6시 45분부터 7시까지는 활동을 멈춰야 한다.

내가 투발루에 있는 동안 내 머리를 떠나지 않은 고민이 있었다. 지구온난화로 날이 갈수록 더욱 더워지고, 해수면 상승으로 섬이 침수 피해를 받는 상황에서 "왜 주민들은 이렇게 태평한

° 통행금지 시간에 걷던 한적한 동네

가?"라는 질문이다. 호텔에서 만난 국제기구에 속한 외국 사람들도 투발루에 대한 걱정뿐인데, "왜 주민들은 이렇게 태평한가?"라는 질문이다. 투발루 공공기관 담당자를 만났을 때 그는 투발루의 미래에 대해 걱정하고 있는데, "왜 주민들은 이렇게 태평한가?"라는 질문이다.

이 질문에 대한 답변은 몇몇 자료에서 찾을 수 있다. 우선 2006년에 발간된 마크 라이너스의 《지구의 미래로 떠난 여행》에서 동네 주민 호세아의 집에 가서 호세아에게 들은 이야기를 다음과 같이 썼다.

"나는 과학자들이 지대 낮은 이곳 섬들이 모두 물에 잠긴다고 말하는 소리를 듣고 너무 놀랐지요. 그렇지만 난 믿을 수가 없어요."그렇게 선언하더니 그는 내 앞에서 성경을 휘두르며 창세기의 일부를 번역했다. "오직 하느님만이 세상을 물에 잠기게 하실 수 있다. 하느님은 노아에게 약속하시기를, 이제 더는 홍수가 없을 것이라 하셨다. 그래서 무지개를 보여주신 것이다. 그러니 우리는 무지개를 볼 때마다 하느님이 노아에게 하신 언약을 알 수 있다." 그는 사람 좋게 싱글싱글 웃더니 말했다. "난 하느님을 믿지 과학자를 믿지 않아요."

2007년에 조선일보의 조정훈 기자는 "'섬나라' 투발루에 가보다"라는 특집 기사를 위해 투발루에 방문한다. 이때 투발루 주민을 만나 인터뷰했다.

"우리 투발루 사람들은 99%가 독실한 기독교 신자들입니다. 창세기 9장 15절에 '다시는 물이 모든 혈기 있는 자를 멸하는 홍수가 되지 아니할지라.'라는 구절이 있지요. 대부분 투발루인들은 노아의 방주 사건 이후 다시는 물의 심판이 없을 것이라는 언약을 철석같이 믿고 있는 겁니다."

내가 투발루에서 만난 투발루 수산청 직원 마텔리나도 인터뷰 도중에 비슷한 말을 했다.

"사람들은 해수면 상승이나 기후변화가 투발루에 위협이라는 것을 알고 있다. 하지만 교회에서는 하느님을 믿으면 해수면 상승이나 기후변화는 걱정하지 않아도 되는 일이라고 가르친다. 무지개가 하늘나라로 가는 길이기에 다른 걱정하지 말고 하느님만 믿으면 모든 것이 해결될 것이라고 생각한다."

° 공항 활주로에 뜬 무지개

투발루 주민의 93%가 기독교 신자다. 매주 일요일 10시에는 교회에 가고, 매일 저녁 6시 45분에는 예배를 드린다. 기독교에서 운영하는 초등학교도 다닌다. 주민들의 기독교 신앙이 깊은 국가다. 성경의 말씀을 전적으로 신뢰하고 있는 것 같다.

그 결과 '주민들이 과학보다는 종교를 더욱 신뢰하는 것은 아닐까.'라는 생각을 조심스럽게 해본다. 이들이 과학보다는 종교를 선택한 것이 극한의 두려움에 몰린 사람의 회피 성향의 발현일지도 모르지만 말이다.

이방인이자 여행자인 내가 어떻게 일주일 만에 투발루 주민들의 생각을 모두 알겠는가. 절대로 다 알 수는 없다. 그래서 "왜 주민들은 이렇게 태평한가?"에 최종적인 결론은 아직 저 멀리에 남겨두었다.

7. 누가 그들에게 돌을 던질 수 있는가?

> 기후정의는 기후변화에 대한 의사 결정과 행동의 핵심에
> 형평성과 인권을 두는 것을 의미한다.
>
> – UNDP, 기후약속 –

기후변화 문제는 전 지구적 문제다. 기후변화 문제는 인간이 배출한 온실가스가 지구의 대기 대순환을 통해 전 지구로 서서히 퍼지면서 발생한다. 반면 다른 오염물질은 국지적인 문제다. 수질오염 문제는 수질오염물질이 누출된 지역에 국한된다. 대표적인 사례가 낙동강 유역에서 발생한 페놀 유출 사건이다. 1991년 경상북도 구미산업단지 내에 있는 전자 회사에서 낙동강으로 페놀을 유출했다. 피해는 낙동강 유역에만 집중되었다. 영화 〈삼진그

룹 영어토익반)이 '낙동강 페놀 유출 사건'을 모티브로 해서 만든 영화다.

마찬가지로 대기오염 문제는 대기오염물질이 누출된 지역에 국한한다. 대표적인 사례가 2012년 경상북도 구미산업단지에서 발생한 불산플루오린화수소, HF 누출 사건이다. 불산을 취급하는 공장의 불산 저장탱크에서 폭발이 발생해 불산이 누출되었다. 이로 인해 작업자 5명이 숨졌고, 지역 주민들은 불산 가스를 흡입해 피가 섞인 침을 토하는 증상을 보였다. 피해는 구미 지역에만 집중되었다. 마찬가지로 토양오염 문제도 해당 지역에만 국한되어 피해가 발생한다.

기후변화 문제는 다른 오염물질과 달리 원인 제공자를 특정하기 어렵다. 수질오염 문제, 대기오염 문제, 토양오염 문제는 원인 제공자가 명확하다. 그래서 원인 제공자에게 책임을 물을 수 있다. 그러나 기후변화 문제는 전 인류가 공동의 원인 제공자다. 온실가스 배출량이 많은 선진국들이 더 많은 책임을 져야 하지만, 개도국이나 최빈국들도 온실가스를 배출하고 있다. 그래서 다른 오염물질과는 달리 원인 제공자를 특정하기가 어렵다.

기후변화 문제는 오염물 배출자와 피해자가 다르다. 2022년 기준 전 세계의 온실가스 배출량은 538억 톤이다. 중국이 139억 톤으로 전 세계 1위, 미국이 60억 톤으로 전 세계에서 2위다.[51] 그러나 기후변화의 피해를 많이 보는 국가들은 이들이 아니다. 기후변화 피해는 아프리카나 동남아시아 지역, 그리고 투발루 같은 남태평양 섬나라에 영향이 집중되어 있다. 기후변화의 원인 제공자와 기후변화 피해자가 다른 것이다.

투발루는 전 세계에서 온실가스 배출량 순위가 195위인 국가다. 2022년 온실가스 배출량은 23,001톤으로, 196개 국가 중에서 뒤에서 2위다. 투발루는 1인당 온실가스 배출량은 2.03톤으로 전 세계 196개 국가 중에서 뒤에서 166위다. 투발루는 기후변화에 책임이 '많이' 없는 국가다.

우리나라는 어떨까? 우리나라의 2022년 온실가스 배출량은 6억 4,606만 톤으로 전 세계에서 29위다. 마찬가지로 1인당 온실가스 배출량은 12.41톤으로, 전 세계에서 31위다. 우리나라는 기후변화에 책임이 있는 국가다.

여기서 나온 개념이 바로 기후정의 Climate Justice다. 기후정의는 기후변화에 책임이 있는 자와 피해받는 자가 불일치하기 때문에 온실가스를 더 많이 배출한 사람들이 더 많은 책임을 져야 한다는 것이다. 그렇기에 온실가스를 많이 배출한 선진국들이 온실가스 감축을 더욱 많이 해야 하며, 개발도상국과 후진국에 자금 지원을 더욱 적극적으로 해야 한다는 것이다. 그래서 2010년 12월 멕시코 칸쿤 Cancun에서 열린 유엔기후변화협약 당사국총회에서는 개도국 및 후진국의 온실가스 감축과 기후변화 적응을 지원하고자 녹색기후기금을 설립했다. 또한, 2023년 12월 UAE 두바이에서 열린 제28차 당사국총회에서는 기후변화로 인한 피해와 손실을 지원하고자 '손실과 피해 Loss and Damage' 기금을 공식 출범시켰다.

○ 투발루 화력발전소
ⓒ TEC

푸나푸티 국제공항 활주로 동쪽에는 화석연료 발전소인 TEC Tuvalu Electricity Corporation가 있다. 투발루 화력발전소는 1991년 설립되어 현재까지 투발루 푸나푸티 환초의 전기 제공을 책임지고 있다. 연료인 경유는 외국에서 수입해서 사용하는데, 일본 정부가 경유 비용의 40%를 지원해 준다. 지어진 지 30년도 넘은 오래된 발전소다 보니 발전소 굴뚝에서는 발전기가 돌아갈 때마다 검은 연기를 뿜어낸다. 한국은 법으로 발전소나 공장의 굴뚝에 매연 저감장치를 의무화하는데, 투발루는 새까만 매연을 대기 중으로 그대로 내보낸다.

푸나푸티 본섬은 투발루 화력발전소를 통해 전기를 생산하여 주민들에게 공급하는데, 먼 곳에 떨어진 섬들은 어떻게 전기를 생산할지 궁금해졌다.

투발루의 전기 보급률은 현재 100% 정도 된다. 원거리에 떨어진 섬이라고 하더라도 주민 모두가 전기를 공급받는다. 현재 많은 양의 전기는 하루 12~18시간씩 돌아가는 경유 발전기를 통해 생산하지만, 태양광발전설비도 지속적으로 확대하고 있다. 아직까지 경유 발전기를 사용하기에 투발루 온실가스 배출량 중에서 전기 생산을 위해 배출하는 온실가스 배출 비중은 30% 정도 된다. 많은 것처럼 보이지만 우리나라의 경우 전체 온실가스 배출량에서 발전소가 배출하는 온실가스 배출 비중은 36% 정도 된다.

투발루는 다행히도 2025년까지 전체 전기 생산량의 100%를 재생에너지로 충당하겠다는 계획을 세웠다. 투발루는 아시아개발은행ADB을 통해 600만 달러의 보조금을 받아 현재 태양광 설비를 확충하고 있고, G8 국가미국, 일본, 영국, 프랑스, 독일, 이탈리아, 캐나다, 러시아의 대표 전기 회사로 구성된 E8이라는 조직과 협력해 태양광발전소를 설치하고 있다. 현재 낮 동안 생산된 전기의 35% 정도가 태양광발전설비에서 생산된다.

하지만 아직은 에너지원을 화석연료인 경유에 많이 의존하고 있다. 경유를 외국에서 매번 수입해 오는 것은 비용이 많이 들고, 나머지 섬에 경유를 다시 배분하는 것에도 비용과 시간이 많이 든다. 그래서 전기 생산의 100%를 재생에너지로 전환하는 것은 투발루로서 현명한 선택이다. 다만 국제사회의 지원이 없으면 이 또한 요원한 이야기다.

그런데 이런 생각도 든다. 만약 투발루가 재생에너지 100% 목표를 세우지 않고, 경유 발전소를 확대하겠다고 목표를 세운다고 가정해 보자. 그러면 전 세계 온실가스 배출량 증가에 기여할 것이다. 그런데 현재도 투발루의 화력발전소가 배출하는 온실가스는 5,430톤이다. 발전소 용량을 2배로 증가시킨다고 하더라도 대략 1만 톤밖에 안 된다. 참고로 우리나라는 화력발전소에서 대략 2억 3,700만 톤 정도 온실가스를 배출한다.

과연 누가 투발루 정부에 "재생에너지로 전환하는 시대에 역행한다."고 돌을 던질 수 있을까? 만약 선진국들이 투발루 정부에 돌을 던진다면 이율배반적인 태도가 아닐까? 왜냐하면 과거부터 그들이 배출한 온실가스로 기후변화가 발생하고 있고, 현재도 그들은 투발루보다도 온실가스 총배출량이나, 1인당 배출량 측면에서 모두 많이 배출하고 있기 때문이다. 그래서 기후변화 협약에 개도국이나 후진국들은 "이미 선진국들은 경제발전 과정에서 온실가스를 많이 배출했으면서, 이제 자신들이 경제발전을 위해 온실가스를 배출하려고 하는데 왜 막냐."며 이를 선진국들의 '사다리 걷어차기'라고 비판하기도 한다.

최근에 이와 관련된 사례가 있었다. 남아메리카 수리남Suriname 서쪽에 가이아나Guyana라는 국가가 있다. 가이아나는 수년 전 대규모 유전이 발견되어 국제사회에서 단숨에 '석유 부국'으로 떠올랐다. 2024년에 영국 BBC 방송에서 가이아나의 이르판 알리Irfaan Ali 대통령을 인터뷰했다.

진행자: 전문가들은 가이아나 해저에서 20억 톤의 탄소가 배출된다고 우려한다.

대통령: 잠깐 멈춰보라. 가이아나에는 잉글랜드와 스코틀랜드 면적을 합친 크기의 숲이 있다. 19.5기가톤 Gt의 탄소를 저장할 수 있다는 걸 알고 있냐?

진행자: 그렇다고 해서 탄소를 배출할 권리가 있는 거냐.

대통령: 당신이 기후변화에 대해 우리를 가르칠 권리가 있느냐. 우리 가이아나는 당신과 전 세계가 누려왔으면서도 대가를 지불하지 않고 신경도 쓰지 않은 숲을 지켜왔다. 우리는 세계에서 삼림파괴율이 가장 낮다. 최대 규모 석유와 가스 탐사에도 우리는 여전히 넷제로 탄소 순 배출량 0 수준일 것이다.

진행자가 다음 질문을 던지려 하자 대통령은 자신의 말을 이어갔다.

대통령: 아직 내 말 안 끝났다. 선진국들이 가이아나와 같은 '후발주자'를 두고 기후변화를 우려하는 것은 위선이다. 당신과 선진국들은 산업혁명으로 환경을 파괴해 놓고 이제 와서 우리를 가르치려 드는 것이냐.

영국은 2022년 기준 온실가스를 4억 톤 정도 배출하는 국가다.

그리고 가이아나는 0.13억 톤 정도 배출하는 국가다. 영국은 가이아나보다 31배나 온실가스를 많이 배출한다. 영국에서 시작된 산업혁명 이후로 현재까지 영국이 배출한 온실가스와 가이아나가 배출한 온실가스를 비교한다면 얼마나 차이가 날까? 1850년부터 2022년까지 두 나라가 배출한 온실가스를 비교해 보면 영국이 가이아나보다 65배나 온실가스를 많이 배출했다.

이에 앞서 2023년 8월에 영국 리시 수낙Rishi Sunak 총리는 '에너지 자립을 위해' 북해의 석유와 가스 사업권 수백 건을 승인할 것이라고 밝혔다. 이러한 상황에서 영국 BBC 방송사 진행자가 가이아나 대통령에게 가이아나가 온실가스를 배출할 권리가 있는 것이냐 묻는 것이다. 가이아나 대통령은 BBC 방송사와 인터뷰 이전에 영국의 이러한 상황을 미리 알았을 것이다. 그러니 바로 진행자의 의견에 맞받아쳤을 것이다. 이런 상황에서 누가 가이아나에 온실가스 배출에 책임이 있다고 돌을 던질 수 있을까? 우리도 이러한 상황에서 얼마나 자유로울까? 고민해 볼 문제다.

8. 낯선 곳에서 만난 뜻밖의 인연

만남과 헤어짐의 공간

중세시대 사람들은 지구는 평평하고, 끝이 있다고 믿었다. 그래서 그들은 대항해시대를 열고 새로운 땅을 향해 뱃머리를 돌렸다. 콜럼버스도 인도India를 찾기 위해 대서양을 건너다가 아메리카 신대륙을 발견했다. 콜럼버스는 자신이 발견한 땅이 인도라고 믿고, 그 지역에 살고 있는 원주민을 인디언Indian이라고 불렀다.

콜럼버스의 시각에서는 자신이 발견한 땅에 살고 있는 사람들을 보고 어떤 생각이 들었을까? 작은 키에 갈색 피부, 검은색 머리카락을 가진 사람의 모습을 신기하게 쳐다봤을 것이다. 인디언으로 명명된 아메리카 원주민은 콜럼버스를 보고 어떤 생각이 들었을까? 큰 키에 하얀 피부, 그리고 갈색 머리카락을 가진 같은 듯 다른 모습을 한 콜럼버스 일행을 신기하게 쳐다봤을 것이다. 양자가 모두 낯설었을 것이다.

투발루는 주민과 관광객 모두에게 낯섦이 공존하는 곳이다. 투발루 푸나푸티 국제공항에는 일주일에 4번 오전에 비행기가 도착한다. 비행기가 도착할 시간이 되면 공항은 분주해진다. 우선 공항 바로 앞에는 투발루 할머니들이 가판을 연다. 그동안 만들었던 형형색색의 리본으로 만든 화관, 그리고 섬에서 잡히는 작은 조개로 만든 목걸이와 코코넛 열매로 만든 사탕을 꿰어 만든 투박한 목걸이가 주요 상품이다. 투발루 방문객을 맞이할 때 쓰는 것들이다.

나같이 이미 투발루에 있는 사람은 이때가 유일하게 투발루에서 생산된 제품을 살 수 있는 시간이다. 참고로 항공 지도에는 공항 근처에 투발루 여성 수제품 센터 Tuvalu Women's Handicraft Center가 있는데, 별도의 수제품 상점이 있는 게 아니라, 비행기가 도착하는 날 열리는 수제품 노점상을 의미한다. 나도 기념품을 사러 한참을 공항 주변을 배회하다가 알게 된 정보다.

투발루를 방문했던 방문객들도 떠날 준비를 한다. 공항이 그리 크지 않고, 출국자도 그리 많지 않기에 출국 수속은 간단하게 끝난다. 짐을 맡기고, 떠날 자와 떠나보내는 자들이 모여 미처 나누지 못한 남은 수다를 떨면서 아쉬움을 달랜다. 혹은 며칠 머물면서 만났던 사람들을 공항에서 재회하면서 그동안 자신들이 겪었던 투발루의 경험을 공유하면서 시간을 보낸다.

° 전통 사탕 목걸이^좌와 판다누스 열매 목걸이^우

    다른 한편 투발루 사람들은 이별과 만남을 준비한다. 피지에서 투발루를 다니는 비행기에는 반쯤은 투발루 사람들이 타고 있었다. 많은 수는 아니지만 투발루 주민들도 여러 가지 이유로 투발루를 떠나게 된다. 공무원들은 다른 나라에 업무를 보기 위해 떠나고, 뉴질랜드나 호주에서 일하는 투발루인들은 잠시 고향에 들렀다가 다시 자신의 터전으로 향한다.

    가족과 헤어지는 것은 어느 나라나 똑같을 것이다. 떠나는 자는 가장 좋은 옷을 멋들어지게 입고 와서 가족과의 이별을 준비하고, 떠나보내는 자는 가족과 사진을 찍어 가족의 얼굴을 기억한다. 또한, 도착하는 비행기에서 내릴 다른 가족들을 기다리기도 한다. 투발루에 도착하는 가족을 위해 예쁜 화관도 준비하고, 어떤 선물을 가족들이 가져올지 기다리는 눈치다. 무릇 공항은 이

° 출국을 기념하는 일가족

별과 만남이 공존하는 곳이다.

투발루의 공항은 토요일이 제일 붐빈다. 토요일이 제일 붐비는 까닭은 다른 날들은 아이들이 학교에 가 있기 때문이다. 그렇기에 토요일에는 아이들이 멀리서 오는 이방인을 구경하고 싶어 비행기 도착시간에 맞춰 공항에 모인다. 이방인을 구경하는 것이 주말에 꼭 해야 하는 일 중 하나 같았다.

이들이 모이는 곳은 공항 청사 바로 왼쪽에 있는 마을회관이다. 우리가 생각하는 마을회관과는 다르다. 마을회관은 함석으로 된 파란색 지붕과 노란색 나무 울타리가 있는 건물이다. 건물 밑 부분의 울타리는 노란색이고, 지붕은 파란색이다. 색칠한 사람이 의도하지는 않았겠지만, 노란색과 파란색이 우크라이나 국기와 같은 모습이다.

마을회관과 활주로는 울타리라는 작은 경계는 있으나, 문이 없다. 그래서 마음만 먹으면 언제든 활주로로 넘어갈 수 있다. 그러나 눈에 보이지는 않지만, 존재하는 경계를 넘지 않으려고 한다.

피지 수바에서 오전 9시쯤 출발한 비행기는 오전 11시 35분쯤 투발루 공항에 도착한다. 시끄러운 프로펠러 소리가 한 번 활주로를 지나고 나면, 공항 청사 근처로 비행기가 서서히 다가온다. 2시간 반 동안의 비행을 마친 비행기의 엔진에서는 뜨거운 열기가 아직 나온다. 장시간 마라톤을 하고 온 선수처럼 뜨거운 열기가 아직 남아 있다. 가뜩이나 더운 투발루의 기온을 더욱 뜨겁게 하는 열기다.

이윽고 비행기가 완전히 정차하고 서서히 문이 열린다. 이때가 마을회관에서 기다리는 주민들이나, 비행기 안에 있는 이방인 모두 기대되는 순간이다. 주민들은 이번에는 얼마나 많은 이방인이 투발루에 왔는지 궁금하기도 하고, 먼 곳으로 떠났던 가족이 마침내 집에 도착했기 때문이다.

비행기에서 내리는 이방인에게도 기대되는 순간이다. 투발루에 첫발을 내디딘 이방인은 공항을 배경으로 셀카를 찍는다. 나 역시도 그랬다. 작은 공항 청사가 신기하기도 하지만, 집을 떠난 지 51시간 만에 마침내 도착한 투발루가 너무 반가웠기 때문이다.

착륙장이 무대라면, 방금 투발루에 도착한 이방인은 1인칭 주인공 시점으로 자신을 둘러싼 주민들의 낯선 모습을 신기한 듯 바라본다. 마찬가지로 현지인들은 착륙장이란 무대에 도착한 이

° 마을회관에 모인 피지발 투발루 착륙 비행기 관람객

방인을 3인칭 관찰자 시점으로 신기한 듯 바라본다. 착륙장이라는 무대를 중심으로 서로가 서로를 신기하게 바라본다. 어찌 보면 서로가 적대적 관계가 아님을 이미 알고 있기에 평온한 모습이다.

   나 역시 투발루에 머무는 화요일과 목요일에는 현지인처럼 비행기 구경을 갔다. 평일이라 사람은 많이 없었으나, 공항 청사 옆 마을회관에 옹기종기 사람들이 모여 있었다. 현지인들에 섞여 '과연 한국인이 있을까?' 하는 아주 작은 기대를 갖고 비행기에서 내리는 사람을 구경했다. 며칠 전 내가 그랬듯 비행기에서 내리는 새로운 이방인은 공항 청사와 마을회관에 모인 사람들을 보면서 신기한 듯 사진을 찍는다. 새로운 이방인은 마을회관에 현지인과 뒤섞인 동양인 남자를 보고 신기한 듯 마을회관 쪽을 향해 사진을 마구 찍는다.

　새로운 이방인의 등장에 오래된 이방인인 나는 현지인으로 둔갑했다. 며칠 전 착륙장의 주인공이 이제는 착륙장의 관찰자가 되는 순간이다. 비행기 구경이 볼거리 중 하나고, 활주로에 경계가 없는 이곳 문화는 이방인에게 낯설었지만, 나 역시 현지인이 되어 이들 문화가 낯설지 않게 되는 시간이다.

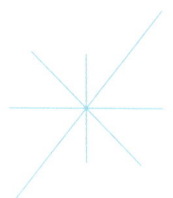

"저기 한국분이세요?"

투발루는 참 신기한 곳이다. 외국인에게는 더욱더 신기한 곳이다. 특히나 뜻밖의 만남의 연속인 것이다. 오늘도 여느 날처럼 동네 한 바퀴를 돌고 호텔로 들어가는 중이었다. 호텔 앞에서 네 명의 동양인 남자가 서 있었다. 한국 사람처럼 생겼지만 '설마 한국 사람이 여기 있겠어?' 하며 나는 내 갈 길을 가던 중이었다.

"저기 한국분이세요?"

투발루에서 처음 듣는 한국말이었다.

"네. 맞아요."
"안녕하세요! 여기서 한국 사람을 처음 봐요."
"안녕하세요."

뜻밖에 새로운 인연이 시작됐다. 이들은 사조참치 소속의 원양어선 선장님과 선원이었다. 이들은 원양어선에서 남태평양 지역의 참치를 잡는다고 한다. 참치 어장을 따라다니다, 한 달에 한 번 2~3일 정도 어장 주변에 있는 어느 육지에 머물며 휴식을 취한다고 한다. 투발루에도 종종 오는데 한국 사람은 처음 본다고 했다.

"저녁은 드셨어요?"
"아직이요. 이제 저녁 먹으러 호텔에 온 거예요."
"그럼. 제 방에 가서 신라면에 소주 한잔하실래요?"
"신라면이요?"

이 먼 타지에서도 한국 사람은 우선 밥을 걱정해 준다. 나는 사람을 너무 잘 믿는 것인가? 나는 선장님의 제안을 흔쾌히 승낙했다. 신라면은 여기서도 뽀글이로 먹어봤지만, 그보다도 소주 이야기에는 귀가 솔깃해진 것이 사실이다.

나의 방은 호텔 본 건물 1층인데, 선장님의 방은 2층에 있었다. 정리 정돈이 되지 않은 방이었지만, 선장님은 나를 안쪽으로 안내했다. 이윽고 상이 차려진다. 휴대용 가스레인지, 일명 '부르스

◦ 선장님이 끓여주신 라면과 전라도 김치

타'에 부탄가스를 끼우고, 넓적한 냄비를 올린다. 그리고 생수를 넣고 신라면을 끓일 준비를 하신다. 물이 끓는 사이에 냉장고에서 참이슬 소주, 카스 맥주, 데미소다와 식혜까지 나온다. 마지막으로 전라도에서 직접 공수해 온 김치라 자랑하시며 배추김치도 꺼내신다.

"진짜 반갑습니다. 투발루에서 한국 사람을 볼 줄은 꿈에도 생각하지 못했습니다."
"저도 반갑습니다. 한국말을 하는 게 이렇게 좋은 거네요."

선장님은 배를 탄 지 벌써 30년이 되었다고 한다. 울릉도 출신인 그는 20대에 돈을 벌기 위해 "몇 년만 배를 타자."라고 했는데,

어느덧 30년이 지났다고 한다. 특히나 적도의 태양을 맞으며 까맣게 탄 그의 얼굴은 동년배보다 나이가 들어 보였다. 시간의 흔적이었다.

선장님 일행은 투발루에 2박 3일 일정으로 어제 도착했다고 한다. 배에서 내리면서 투발루에서 먹을 음식과 도구도 같이 싸서 내린다고 한다. 라면 물이 끓는 사이 온더락 잔에 소맥을 말아주신다. 얼마 만에 마셔보는 소맥인지. 나도 소맥이 그리웠나 보다. 라면이 어느 정도 끓었을 때 청양고추, 다진 마늘, 양파까지 넣는다. 아주 먼 타지에서 친척이 오랜만에 복귀한 것처럼 아낌없이 넣어주신다.

"배가 가득 차면 참치가 몇 마리 들어가나요?"
"몇 마리인지 모르겠네요. 최대 400톤 정도 실어요."

참치를 세는 단위가 달랐다. 나는 마리로 세고, 선장님은 톤으로 세었다. 나는 참치를 생물로 여기고, 선장님은 상품으로 여기는 차이일까? 선장님의 산정 방식도 이해가 간다. 우리는 단순하게 참치라고 뭉뚱그려 이야기하지만, 원양어선에서는 참다랑어, 눈다랑어, 가다랑어, 새치까지 잡는다. 어종마다 크기가 다르고, 같은 어종 안에서도 크기가 다르니 당연히 '마리'로 세기는 어려울 듯하다. 참치를 먹는 것만 좋아할 뿐, 원양어업에 대해서 모르는 나였으니깐 말이다.

술잔을 기울이며 원양어선 선원의 삶에 대해서 들었다. 이번 항해를 위해 한국에서 출항한 지 6개월이 지났다고 한다. 한번 항해를 떠나면 1년 4개월 정도 태평양에 머무는데 아직 한국에 돌아가려면 한참 남았다고 한다.

배에 참치를 1년 4개월 동안 보관하는 게 아니라는 것도 들었다. 한 달에 한 번 정도 선장님이 위치한 남태평양 어딘가로 시간을 맞춰 수송선이 온다고 한다. 그 수송선은 한 달 동안 선장님의 배에서 잡은 참치를 가져간다고 한다. 이렇게 수송선에 옮겨진 참치는 그때그때 상황에 따라 사모아로 가거나, 태국으로 가거나, 한국으로 보내진다. 그리고 이렇게 보내진 참치는 참치통조림이 되거나, 참치 횟감으로 가공한다. 우리나라의 경우 참치 원양어선 선단을 보유하고 있는 동원참치는 참치를 경상남도 창원시로 보내고, 사조참치는 참치를 경상남도 고성군으로 보낸다고 한다.

한 달에 한 번 수송선이 오는 날은 선장님이나 선원이나 모두 즐거운 시간이다. 기본적인 생필품은 회사에서 지급하는데, 담배나 술같이 개인들이 필요한 물품은 선원들이 직접 구매해야 한다. 한 달에 한 번 수송선이 올 때 개인 필요 물품도 같이 배달이 온다. 그리고 한국에 있는 가족들이 소중하게 싸서 보낸 물품들도 같이 배달 온다고 하니, 어찌 선원들이 기쁘지 아니하겠는가.

"3항사님은 주로 무슨 물품을 시켜요?"

선원의 직급은 아래에서부터 3등 항해사, 2등 항해사, 1등 항해사, 선장으로 나뉜다. 그런데 직급 전체를 부르기 어려우니, 3항사, 2항사, 1항사로 부른다.

"주로 소주, 맥주, 담배를 시킵니다."

3항사님은 20대 총각으로 부산에 있는 부경대학교 수산과학대학을 졸업했다고 한다. 남태평양의 외로운 밤, 청춘에게는 술과 담배만이 외로움을 달랠 수 있는 유일한 수단인 듯했다. 젊은 나이에 망망대해에서 비바람을 뚫고 일하는 모습이 대단해 보였다.

월급 체계는 '보합제'라고 한다. 어업 종사자가 급여를 받는 형태로 성과급제와 비슷하다. 기본적으로 선원 통장이나 선원이 지정한 직계가족의 통장으로 기본급 정액이 월급으로 보내진다고 한다. 한국에 있는 가족도 먹고살아야 하니깐 말이다. 그리고 한국에 돌아가 그동안 잡은 전체 참치의 어획량에 따른 수익을 선주와 선원 사이에 합의하여 배분하는 계약이다. 어획량이 많을수록 선주와 선원이 받아 가는 금액이 많기에 성과급제와 비슷하다고 한다. 다만, 출항 동안 개인이 필요한 물품을 회사가 대신 구매해서 보내주는 것이기에, 최종 정산에는 그동안 선원에게 지급한 정액 월급과 개인 물품 구매 금액을 제하고 준다고 한다. 그리고 정산 시점에 어가가 떨어졌거나, 어획량이 많지 않다면 선원들이 가져가는 돈은 적을 수밖에 없다.

남태평양 넓은 바다에서 참치 어장을 따라다니다 주기적으로 어장에 가까운 나라에 잠시 머문다고 한다. 그때마다 입국심사를 받는다. 그래서 원양어선 선원들의 여권에는 투발루뿐 아니라, 나우루, 솔로몬제도, 키리바시, 피지 같은 남태평양 나라의 입국 도장이 빼곡하게 찍혀 있었다. 그리고 핸드폰 뒤에는 나라마다의 유심도 껴놓고 있고, 지갑에는 나라마다의 현찰도 가지고 있었다.

1년에 투발루에 방문하는 한국 사람은 정부 관련자를 제외하고는 40명 정도밖에 안 된다. 투발루의 한국인 방문객 통계를 보면 투발루 방문 목적이 관광은 11명, 사업은 9명밖에 되지 않고, 나머지는 '기타'로 분류된다. 기타가 뭘까 하다가 원양어선의 선원을 보고 궁금증이 해결되었다. 투발루 방문 목적이 관광도 아니고 사업도 아닌 '기타'인 이들이 바로 원양어선 선원이었다.

기후변화 걱정도 하셨다. 참치를 잡으려면 참치의 먹이가 되는 멸치의 어군을 쫓아다닌다고 한다. 최근 들어 남태평양 지역의 수온이 상승해 멸치의 개체수가 많이 늘었다고 한다. 먹이 연쇄의 구조상 멸치의 개체수가 늘어나면 참치의 개체수도 당연히 늘어나서 좋을 것 같았다.

다른 한편으로는 멸치를 먹이로 하는 고래의 개체수도 많이 늘어났다고 한다. 태평양의 멸치를 두고 고래와 참치가 경쟁하는데, 멸치를 먹이로 하는 고래의 개체수가 급격히 늘어나다 보니 멸치 어장에 고래가 많이 나타나 참치를 찾는 게 더욱 어려워졌다고 한다. 내가 참치라도 거대한 고래 군집은 피해서 움직일 것 같다. 기후변화가 우리나라의 참치 어획량에도 영향을 준다는 것을 알게 되었다.

　이름도 낯선 이국땅 투발루에서 이방인들끼리 만났다. 나이도, 직업도, 거주지도 다른 이방인이 국적이 같다는 것 하나에 동질성을 느꼈다. 오늘 처음 만난 이방인끼리 마치 오래 알던 사이처럼 두런두런 앉아 술잔을 기울였다. 오랜만에 한국말로 한국 사람과 이야기하니 시간 가는 줄 몰랐다. 여행을 계획하면서 내가 투발루에서 한국 사람을 만날 거라고는 상상도 못 했다. 이렇게 투발루는 뜻밖의 우연이 연속인 나라였다.

5장.

머나먼 섬을
뒤로하고

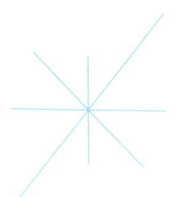

투발루에서의 꿈 같은 일주일이 지났다. 몽중몽夢中夢이라고 해야 할 것 같다. 내가 사회생활을 시작한 뒤로 '언젠가는 꼭 가야지!'라고 꿈꾼 곳에서 꿈 같은 시간을 보냈다. 투발루라는 꿈을 꾸기 전까지 나는 투발루에 대해서 단편적인 지식만을 알았다. 그러나 투발루에서 겪은 일주일 동안의 경험을 통해 투발루에 대한 나의 지식은 점철되었다. 그리고 몹시 혹독한 더위를 느꼈지만, 당초 기대했던 대로 FUN한 시간을 보내고 왔다.

踏雪野中去 不須胡亂行 今日我行蹟 遂作後人程

(답설야중거 불수호난행 금일아행적 수작후인정)

눈 덮인 들판을 걸어갈 때 모름지기 함부로 걷지 마라.
오늘 걷는 나의 발자국은 반드시 뒷사람의 이정표가 된다.

조선시대 순조 때의 시인 이양연 李亮淵, 1771~1853의 작품으로, 백범 김구 金九, 1876~1949 선생님이 평생의 길잡이로 삼았다는 글귀다. 특히나 김구 선생님께서 1948년 남북 단일 정부 수립을 위해 38선을 넘으며 읊은 시로 알려지기도 했다.

나도 이 글귀를 인생의 이정표로 삼으며 살고 있다. 김구 선생님처럼 국가와 민족을 위한 원대한 꿈은 아니지만, 소시민으로서 내가 하는 일이 미래세대를 위한 길잡이가 되었으면 하는 바람으로 하루하루를 살고 있다. 그리고 내가 이번에 투발루에 다녀온 길이 투발루와 기후변화를 고민하는 누군가에게 길잡이가 되길 바라는 마음을 가지고 있다.

일주일간 투발루를 다녀왔지만 내가 경험한 투발루는 투발루 일부에 관한 이야기다. 나는 투발루를 이루는 9개 화산섬과 산호섬 중에서 푸나푸티 환초에만 다녀왔다. 푸나푸티 환초는 투발루의 수도로 전체 인구의 63%가 살고, 정부 청사나 관공서 같은 주요 시설이 있는 지역이긴 하지만 투발루 전체는 아니다. 그리고 나는 푸나푸티 환초를 이루는 29개의 섬 중 폰가팔레와 파레파투 두 섬만 경험했다. 그러나 나는 '우리가 단편적으로 아는 것' 이상의 투발루 이야기를 하려고 노력했다. 특히나 투발루 주민들의 삶의 이야기를 많이 하려고 노력했다.

말은 자기 실현 능력이 있다고 한다. 나는 이 책이 나의 모험의 끝이 아닐 것이라 확신한다. 나는 다시 어디론가 떠날 것이다. 태평양 지역에는 우리에게 잘 알려지지는 않았으나, 기후위기에 직면한 섬이 많다. 이 책에도 언급한 키리바시, 쿡제도, 마셜제도, 솔로몬제도, 통가, 나우루 같은 섬들이다.

이들의 대부분은 전 세계 온실가스 배출량 비율에서 0.001%도 안 되는 국가이지만, 기후변화의 피해를 직접 받고 있다. 특히나 나우루는 자원경제학을 공부한 나로서 자원의 비극과 기후위기를 동시에 겪는 국가이기에 연구 대상이기도 하다.

다음엔 이 섬 중 어딘가를 찾아 이들 국가의 현실을 알려주는 동시에 주민의 삶을 이야기하고 싶다. 다시 한번 말하지만 말은 자기 실현 능력이 있다고 믿는다. 멀지 않은 시점에 나는 그 자기 실현력을 한번 시험하고 싶다.

이 책에 부족한 부분이 있을 수도 있다. 최대한 사실관계를 확인하고 또 확인했으나, 투발루에 대한 국내 전문가의 부족으로 사실관계 확인에 한계도 있음을 밝힌다. 만약 잘못된 부분이 있다면, 이런 것은 전적으로 나의 책임이다.

마지막으로 이 자리를 빌려 감사의 말씀을 전하고 싶은 분이 있다. 내가 투발루 여행을 시작하기로 결심은 했지만, 투발루 현지에 대한 정보는 미약했다. 만약 다른 분들의 도움이 없었다면, 투발루에서의 나의 경험은 순탄하지 않았을 것이다. 한국농어촌공사의 채종영 차장님, 한국원양산업협회 해외수산협력센터 이은

행정관님, 피지 한글학교 장현석 교장선생님, 그리고 머나먼 타국 땅에서 대한민국을 위해 노력하시는 주피지 대한민국 대사관 직원분들께 감사의 말씀을 전한다. 마지막으로 내가 투발루에 다녀오고, 책을 쓰는 동안 묵묵히 지원해 준 아내에게 감사의 말을 전한다.

그곳에도 사람이 살고 있고, 그곳에도 미래가 있다.

굿 바이 투발루, 다시 보자 투발루
Good Bye Tuvalu, See Again Tuvalu
Tofa Tuvalu, Fetaui Tuvalu

˚ 출국행 비행기 앞에서 마지막 한 컷

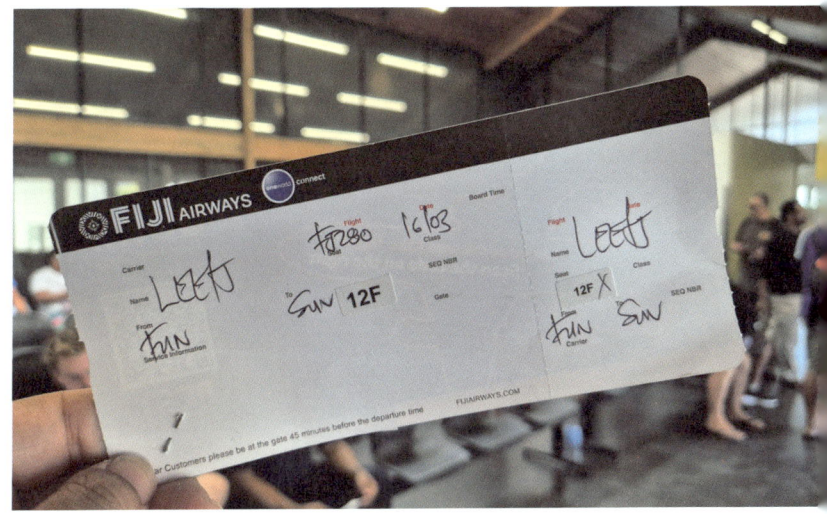

˚ 손으로 써주는 투발루 출국 항공권

부록.
투발루 기초 정보

1. 투발루 푸나푸티 환초 기후

	평균 기온	평균 강수량	평균 강우일수	평균 습도
1월	28.8	620.1	24.6	75.1
2월	28.7	671.0	23.0	76.2
3월	28.8	422.1	25.9	74.7
4월	29.0	325.1	25.2	75.0
5월	29.0	344.3	24.9	75.1
6월	28.9	357.5	25.6	76.0
7월	28.5	382.7	26.3	76.2
8월	28.4	377.0	26.8	76.2
9월	28.5	327.9	24.5	75.5
10월	28.6	311.0	22.9	74.1
11월	28.7	350.1	23.5	73.4
12월	28.8	450.4	25.4	74.4
년 평균	28.7	411.6	24.9	75.1
년 합계	-	5,350.6	-	-

출처: https://www.weatherandclimate.com/tuvalu/funafuti

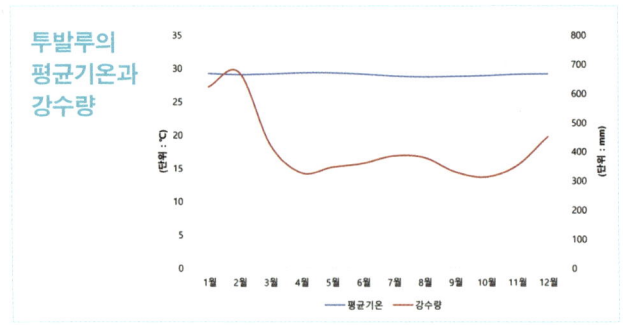

투발루의 평균기온과 강수량

사라져 가는 미지의 섬, 투발루

2. 투발루 섬별 면적 및 인구

구분	이름	면적 (㎢)	인구 (명) 합계	남성	여성
	합계	26.0	10,507	5,403	5,104
섬	나누망가(Nanumaga)	3.0	384	216	168
	니우타오(Niutao)	2.5	499	23	261
	니울라키타(Niulakita)	0.4	43	32	11
환초	나누메아(Nanumea)	3.9	495	259	236
	누이(Nui)	3.4	494	246	248
	누쿠페타우(Nukufetau)	3.0	531	264	267
	누쿨라엘라에(Nukulaelae)	1.8	260	129	131
	바이투푸(Vaitupu)	5.6	1,190	568	622
	푸나푸티(Funafuti)	2.4	6,611	3,451	3,160

출처: Tuvalu Central Statistics Division
* 성별 인구 통계는 2017년 자료가 가장 최근 자료임

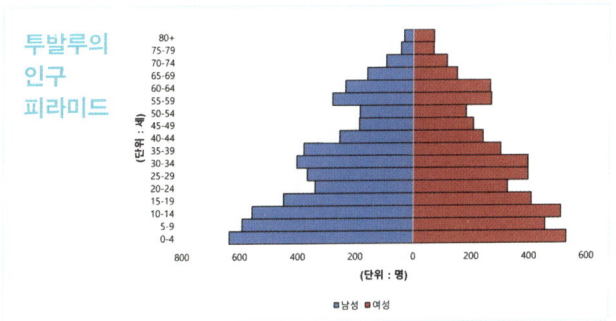

투발루의 인구 피라미드

3. 기초 투발루어

본 기초 투발루어는 미아 오로라Mia Aurora가 쓴《Tuvalu》에 수록된 기초 투발루어를 번역한 것입니다.

투발루어의 한국어 번역 및 발음 표기는 국내 자료의 한계로 인해 ChatGPT-4o를 활용하여 조사했으므로, 실제 발음과 차이가 날 수 있습니다.

국어	영어	투발루어 표기	읽는 법
인사 및 소개			
안녕하세요	Hello	Talofa	탈로파
안녕하세요 (공손)	Hello	Fakatalofa	파카탈로파
안녕히계세요	Goodbye	Tofa	토파
감사합니다	Thank you	Malo	말로
감사합니다 (공손)	Thank you very much	Fakafetai	파카페타이
~해주세요	Please	Fakamolemole	파카몰레몰레
어떻게 지내니?	How are you?	E o koe?	에 오 코에?
괜찮아	I am well	E lelei	에 레레이
이름이 뭐에요?	What's your name?	Ko oi tou igoa?	코 오이 토우 이고아?
나의 이름은…	My name is…	Ko… tou igoa	코… 토우 이고아?

필수 문구

환영합니다	Welcome	E aofia ia oe	에 아오피아 이 아 오에
예	Yes	Iai	이아이
아니오	No	Kao	카오
실례합니다	Excuse me	Fakatele	파카텔레
미안합니다	Sorry	Aue	아우에
다시 말해주세요	Pardon Please repeat	Toe fai mai	토에 파이 마이
이해를 못했습니다	I don't understand.	Ou te le malamalama	오우 테 레 말라마라마
할 수 있습니까?	Can you…?	E mafai?	에 마파이?
당신은 두렵나요?	Are you afraid?	E fefete?	에 페페테?
당신은 행복합니까?	Are you happy?	E fiafia?	에 피아피아?
좋은	Good	Lelei	레레이
나쁜	Bad	Kakai	카카이
많은	Many	Tele	테레
적은	Few	Sili	실리
큰	Big	Lahi	라히
작은	Small	Iki	이키
좋은 하루 되세요.	Have a good day	Lelei le aso	레레이 레 아소
오늘 하루는 어땠나요?	How was your day today?	Ea te aso?	에아떼아소?
건배 행운을 빈다	Cheers	Manuia	마누이아
축하합니다	Congratulate	Fakamalo atu	파카말로아투
이리 와	Come here	vau konei	바꼬네
배고프니?	Are you hungry?	Koe fiakai?	꼬에 피아카이?

숫자

일	One	Tahi	타히
이	Two	Lua	루아
삼	Three	Tolu	톨루
사	Four	Fa	파
오	Five	Lima	리마
육	Six	Ono	오노
칠	Seven	Fitu	피투
팔	Eight	Valu	발루
구	Nine	Iva	이바
십	Ten	Sefulu	세풀루

방향

어디에…?	Where is…?	Hei fea…?	헤이 페아…?
어디?	Where?	I fea?	이 페아
오른쪽에	To the right	I te matau	이 테 마타우
왼쪽에	To the left	I te hema	이 테 헤마
위	Up	I luge	이 루게
아래	Down	I lalo	이 랄로
앞	In front	I mua	이 무아
뒤	Behind	I tua	이 투아

자연과 환경

바다	Sea	Moana	모아나
섬	Island	Motu	모투
바람	Wind	Matagi	마타기
태양	Sun	La	라
물	Water	Vai	바이
땅	Land	Fanua	파누아

기타 단어

집	House	Fale	팔레
사랑	Love	Alofa	알로파
가족	Family	Kaiga	카잉아
음식	Food	Meakai	메아카이
식당	Restaurant	Fale kai	팔레 카이
병원	Hospital	Falemai	팔레마이
휴식	Rest	Manava	마나바
화장실	Toilet	Faletaele	팔레타엘레

4. 우리나라와 비교

구분			단위	투발루	대한민국
지형	면적		km²	26	100,431
	해안선 길이		km	24	2,413
	고도	최고	m	5	1,950
		최저	m	0	0
		평균	m	2	282
인구 및 사회	인구	전체	명	10,099	51,439,038
		남성	명	5,205	25,636,951
		여성	명	4,894	25,802,087
	가구원 수		명/가구	7.2	2.2
	기대 수명	전체	세	68.7	83.2
		남성	세	66.3	80.1
		여성	세	71.3	86.4
	합계출산율		명/명	2.8	0.7
	유아 사망률	전체	명/1000명	28.3	2.8
		남성	명/1000명	31.9	3.0
		여성	명/1000명	24.5	2.6
	성인비만율		%	51.6	4.7
	도시화율		%	66.2	81.5
경제	1인당 GDP 순위		달러/인	6,113	34,653
	실질GDP		백만달러	52	2,352,000
에너지	전기 보급율	전체	%	99.6	100.0
		도시	%	100.0	100.0
		시골	%	99.0	100.0
	온실가스 배출량	총배출량	만톤	2.3	6,4606.3
		1인당 배출량	톤/인	2.0	12.5

출처: https://www.cia.gov, https://globaldatalab.org
* 기준연도 2023년, 일부 데이터는 2019~2022년 데이터

참고문헌

1. 재외동포청, 《재외동포현황》, 재외동포청, 2023.
2. 이영임, "폴리네시아인 이주 경로 DNA로 규명", 〈연합뉴스〉, 2011. 02. 08.
3. Goodwin, Browning and Anderson, Climate windows for Polynesian voyaging to New Zealand and Easter Island, PNAS, 2014.
4. 안조영, "기후변화로 보는 역사 이야기", 〈에너지단열경제〉, 2020. 02. 14.
5. 조정훈, "[Why] 섬나라' 투발루에 가보다", 〈조선일보〉, 2007. 09. 08.
6. 찰스 다윈, 《산호초의 구조와 분포》, 아카넷, 2019.
7. 날씨와 기후 누리집 (https://weatherandclimate.com/tuvalu/funafuti)
8. 공항거리계산기 누리집 (https://www.airportdistancecalculator.com)
9. Tuvalu Central Statistics Division, 《Statistics Report 2023》, Government of Tuvalu, 2024.
10. 이준서, "스웨덴 10대, 태양광 요트로 대서양 횡단…反환경 트럼프에 일침", 〈연합뉴스〉, 2019. 08. 29.
11. 차근호, "기후 단체는 왜 공항 건설을 반대할까?…'탄소 배출 줄여야'", 〈연합뉴스〉, 2022 .02. 14.
12. 김다린, "'5G 비싼 값 하고 있나' 5G 데이터 53개월치 분석", 〈더스크프〉, 2023. 11. 05.
13. 김현경, "온난화에 망가지는 지구…'최악의 현상' 발생", 〈한국경제TV〉, 2024. 04. 17.
14. NASA Earth Observations 누리집 (https://neo.gsfc.nasa.gov)
15. 고미혜, "기후변화로 뜨거워진 남태평양 바닷물, 칠레 대가뭄 유발", 〈연합뉴스〉, 2021. 08. 27.
16. 김선경, "창원시, 천연기념물 '우영우 팽나무' 보존관리계획 수립한다", 〈연합뉴스〉, 2023. 07. 19.
17. 현윤경, "기후재앙 투발루 장관 수중연설…'물에 잠겨도 국가 인정받나요'", 〈연합뉴스〉, 2021. 11. 10.
18. 외교부 보도자료, "해양 분야 기후변화 대응을 위해 글로벌 리더들이 부산에 모였다", 〈외교부〉, 2023. 05. 27.
19. 외교부 아시아태평양국 아태2과, 《태평양 도서국 개황》, 2023.
20. Doug Dingwall, "King tides cause new levels of devastation in Tuvalu, as nation weighs up Falepili Union treaty", 〈ABC News〉, 2024. 03. 07.
21. Doug Dingwall, "King tides cause new levels of devastation in Tuvalu, as nation weighs up Falepili Union treaty", 〈ABC News〉, 2024. 03. 07.
22. 이재호, "기후변화 직격탄 맞은 투발루, 30년 만에 모래도 나무도 사라졌다", 2023. 05. 15.

김지현, "해수면 상승은 작은 섬나라를 어떻게 바꾸나", 〈뉴스펭귄〉, 2023. 06. 28.

TCAP, 《Tuvalu Coastal Adaptation Project Brochure》, TCAP, 2018

이재호, "수십 년 내 수몰 위기 직면한 투발루, 땅이 없으면 만든다", 〈프레시안〉, 2023. 05. 15.

조창환, "500년 골목길, 올림픽 전에 다 쓸어버려", 〈오마이뉴스〉, 2006.02.05.

박의래, "호주, '가라앉는 섬나라' 투발루서 매년 기후난민 280명 받기로", 〈연합뉴스〉, 2023. 11. 10.

최재서, "기후위기에 가라앉는 투발루…'디지털 국가 만들어 보존해야'", 〈연합뉴스〉, 2022. 09. 30.

투발루 교육부 누리집 (https://meys.gov.tv)

CIA World Factbook 누리집 (https://www.cia.gov/the-world-factbook)

이은주, "합계출산율 0.72명…또 역대 최저치 '충격'", 〈아시아경제〉, 2024. 02. 28.

CIA World Factbook 누리집 (https://www.cia.gov/the-world-factbook)

Tuvalu Education Department, 《Tuvalu Education Plan III 2016~2020》, Government of Tuvalu, 2015.

Tuvalu Education Department, 《2016~2017 Annual & Statistical Report》, Government of Tuvalu, 2011.

조정훈, "[Why] 섬나라' 투발루에 가보다", 〈조선일보〉, 2007. 09. 08.

조정훈, "[Why] 섬나라' 투발루에 가보다", 〈조선일보〉, 2007. 09. 08.

강정효, "오름에 살고 오름에 지고…제주 산담의 비밀", 〈한국일보〉, 2017. 09. 28.

CIA World Factbook 누리집 (https://www.cia.gov/the-world-factbook)

이철재, "뚱뚱해서 세상을 정복한 민족", 〈중앙일보〉, 2016. 07. 26.

CIA World Factbook 누리집 (https://www.cia.gov/the-world-factbook)

조정훈, "[Why] 섬나라' 투발루에 가보다", 〈조선일보〉, 2007. 09. 08.

외교부, 《태평양도서국 개황》, 외교부, 2023.

신경립, "투발루, 인터넷 도메인 국가코드 매각", 〈서울경제〉, 2020. 04. 09.

조정훈, "[Why] 섬나라' 투발루에 가보다", 〈조선일보〉, 2007. 09. 08.

유홍준, 《나의 문화유산답사기 3》, 창비, 2011.

김록환, "조상들이 에어컨 없이 여름 난 비밀, 한옥에 숨어 있다", 〈중앙일보〉, 2014. 06. 16.

혼 비케니베우 파에니우, 투발루인의 풀라카 경작 지식, 2021.

정연우, "사라지는 섬 '투발루' 식량난…'채소 · 과일 키울 땅 없어 대만에 의존'", 〈아주경제〉, 2023. 05. 15.

이재호, "수십 년 내 수몰 위기 직면한 투발루, 땅이 없으면 만든다", 〈프레시안〉, 2023. 05. 15.

김현민, "네덜란드인 하멜, 조선에 표착하다", 〈아틀라스〉, 2019. 07. 21.

마크 라이너스, 《지구의 미래로 떠난 여행》, 돌베게, 2006.

마크 라이너스, 《지구의 미래로 떠난 여행》, 돌베게, 2006.

조정훈, "[Why] '섬나라' 투발루에 가보다", 〈조선일보〉, 2007. 09. 08.

Our World in Data 누리집 (https://ourworldindata.org)

TEC 누리집 (https://www.tectuvalu.tv)

Government of Tuvalu, 《Updated Nationally Determined Contribution (NDC)》, Government of Tuvalu, 2022.

정은주, "섬나라 투발루의 생존이 달린 재생에너지 전환", 〈KOTRA〉, 2020. 10. 23.

TEC 누리집 (https://www.tectuvalu.tv)

최혜린, "'신흥 석유 부국' 가이아나 대통령 '선진국, 기후변화 가르치지 말라'", 〈경향신문〉, 2024. 04. 01.

Our World in Data 누리집 (https://ourworldindata.org)

최윤정, "영국 북해 석유·가스 사업 수백건 허가…'에너지 자립 위해'", 〈연합뉴스〉, 2023. 08. 01.

Mia Aurora, 《Tuvalu Travel Guide 2024》, Mia Aurora, 2023.